LIDERAZGO
Legado®

El Estándar Bíblico para Líderes Cristianos

CoachWorks® International
Dallas, Texas USA
www.CoachWorks.com
www.LegacyLeadership.com

Traducido y Editado por Dr. Mario Garcia. Uso con Licencia Global. iNTERNAL iMPACT ,LLC, Neuro Strategic Coaching Institute.
www.NeuroStrategicCoach.com

ISBN # 978-0-9974943-3-4

LIDERAZGO LEGADO® EL ESTÁNDAR BÍBLICO PARA PARA EL LIDERAZGO CRISTIANO. Copyright 2005-2019. CoachWorks® International, Inc., Dallas, Texas USA. Todos los derechos reservados. El Modelo, Programa y Sistema de Liderazgo Legado fue escrito y desarrollado por la Dra. Lee Smith y la Dra. Jeannine Sandstrom. Ninguna parte de esta publicación puede ser reproducida de ninguna forma, o por cualquier medio sin el permiso por escrito del editor, excepto en el caso de citas breves incorporadas en artículos críticos y reseñas con reconocimientos apropiados

CoachWorks®, Legacy Leader®, Legacy Leaders®, Legacy Leadership®, The Legacy Leadership® 5 Best Practices™, The Legacy Leadership 5 Best Practices At-A-Glance™, The Legacy Leadership System™, The Legacy Leadership Model™, LegacyPursuit™, The Legacy Leadership Competency Inventory (LLCI)™, LeaderShifts™, Legacy Leadership Program™, The Legacy Counsel (TLC)™, The Legacy Forum™, Legacy Leader Coach™, Executive Workout™, Collaborative Conversation™, Holder of Vision and Values™, Creator of Collaboration and Innovation™, Influencer of Inspiration and Leadership™, Advocator of Differences and Community™, Calibrator of Responsibility and Accountability™, Inside Out Shifts™, y RealTime Legacy™.

Impreso en USA. CoachWorks® Press, Dallas, TX USA.

Si desea obtener más información sobre el Programa de Liderazgo Legado® y otros servicios y productos de CoachWorks®, póngase en contacto con nosotros en info@CoachWorks.com.

Traducciones de la Biblia Referenciadas:

La Santa Biblia, Nueva Versión Internacional® (NIV), Copyright © 1973, 1978, 1984 Colorado Springs, Colorado: Sociedad Bíblica Internacional.

La Santa Biblia, Nueva Versión King James, (NKJV) Copyright © 1982 Nashville, Tennessee: Thomas Nelson, Inc.1982.

Santa Biblia, Nueva Traducción Viviente (NLT). Copyright © 1996, Wheaton, IL: Tyndale House Publishers, Inc.

Holy Bible, Versión del NuevoSiglo (NCV), Copyright © 1987, 1988, 1991, Dallas, Texas: Word Publishing.

El Mensaje: La Biblia en el Lenguaje Contemporáneo, por Eugene H. Peterson, Copyright © 2002, NAVPress, Colorado Springs, Colorado.

COACHWORKS INTERNATIONAL
Dallas, Texas USA
www.CoachWorks.com
www.LegacyLeadership.com

© Copyright 2019 CoachWorks International, Inc. Derechos Reservados. Coachworks, Legacy Leadership, Legacy Leadership with design, the 5 Box Design, and the 5 Best Practices son marcas de of CoachWorks International, Inc., USA. Traducido y Editado por Dr. Mario Garcia. Uso con Licencia Global iNTERNAL iMPACT, LLC., Neuro Strategic Coaching Institute. Si desea obtener más información sobre el Programa de Liderazgo Legado® y otros servicios y productos de CoachWorks®, póngase en contacto con nosotros por internet, en www.NeuroStrategicCoach.com.

Tabla de Contenidos

Liderazgo Legado®: El Estándar Bíblico para Líderes Cristianos®

¿Qué es Legado? 5
¿Qué es Liderazgo Legado®? 7
Las 5 Prácticas Legado 9
Liderazgo Legado®: El Modelo Bíblico del Liderazgo Cristiano 8
Las Cinco Prácticas Legado: Comparación entre Modelos de Negocio y de Fé 11
La VERDADERA Llave al Éxito en el Liderazgo 12
Verdad Fundamental: El Legado es de Él 14
La Luz del Cristiano: Esfera de Influencia 20
El Modelo Bíblico del Liderazgo Cristiano 22

Mejor Práctica 1: Poseedor de Visión y Valores™
    Visión 24
    Valores 26

Mejor Práctica 2: Creador de Colaboración e Innovación™
    Colaboración 28
    Innovación 30

Mejor Práctica 3: Influyente de Inspiración y Liderazgo™
    Inspiración 32
    Liderazgo 36

Mejor Práctica 4: Defensor de Diferencias y Comunidad™
    Diferencias 39
    Comunidad 42

Mejor Práctica 5: Calibrador de Responsabilidad y Rendición de Cuentas™
    Responsabilidad 45
    Rendición de Cuentas 47

Inventario de Competencias LL4CL 51
Planes de Desarrollo 60
Compromiso Personal al Desarrollo 63
Páginas para Notas

¿Qué es Legado?

¿Cómo se define *el legado*? Es una palabra que escuchamos con frecuencia alrededor de librerías y programas de entrevistas de televisión en estos días. Originalmente se pensó que implicaba la fortuna, o la carencia de la misma, que uno dejaría para sus herederos. Hoy en día se le llama así a lo que identifica a una persona (su "marca" o reputación), y cómo son recordados después de su muerte. ¿Sabe cuál será su legado? ¿Será algo por lo que le recuerden sólo cuando ya no esté presente? ¿Y si estuviera *viviendo* su legado ahora? ¿Y si su visión para el futuro, su legado, resultara evidente en todo lo que hace, todos los días? Puede suceder de esa manera. El Liderazgo Legado consiste *en vivir* su legado, no simplemente *dejarlo*.

Es lo que somos y lo que vivimos hoy, lo que moldea nuestro legado del futuro.

Vivir su legado significa hacer una inversión dedicada en el mejor futuro de los demás. No se trata de dinero, inversión financiera o riqueza material ni construcción de capital. El Liderazgo Legado no se trata de construir cosas. Se trata de construir gente. Se trata de invertir su tiempo, su energía, sus competencias y su interés y preocupación en las personas que luego compartirán lo que han aprendido con los demás, maximizando el retorno de su inversión. Si bien este libro se refiere principalmente al legado de liderazgo en los negocios, esta fórmula simple para la inversión humana es aplicable a todas las áreas de la vida: familia, comunidad y negocios. Cada uno de nosotros puede ser un líder en nuestros respectivos entornos. En un sentido básico, un líder es aquel que muestra el camino, que escolta o guía a los demás. Un Líder *Legado* guía a los demás hacia un futuro mejor, hacia *ser* mejores, *hacerlo* mejor y *liderar* mejor. Su mejor yo se ofrece a los demás con el fin de desarrollar su mejor yo y así sucesivamente, dejando una impresión multigeneracional, un legado vivo.

Líderes Legado

Parece que los Líderes Legado tienen las *mismas* habilidades

Todos podemos contar historias o recordar detalles sobre las vidas, carreras y logros de líderes destacados hoy y en la historia. Mientras que ha habido, y hay, muchos líderes buenos o excelentes entre nosotros, sólo ciertos "grandes" logran una especie de lenguaje y emoción que los separa de otros líderes, creando una influencia duradera. Si escucha atentamente, también lo escuchará. Las historias están atadas con el *Lenguaje del Legado*, capturado en las 5 Prácticas de Liderazgo Legado. A estos hombres y mujeres los llamamos Líderes Legado. Y parece que los Líderes Legado tienen todas las habilidades correctas.

Algunos de estos líderes son bien conocidos, y están cubiertos de títulos, medallas, condecoraciones, premios y logros. Todas estas cosas son impresionantes y dignas de mención, pero no es lo que *hace* al Líder Legado. Algunos son de alto perfil; otros permanecen tras bambalinas. Algunos son empresarios; otros no lo son. Conocemos sus historias, docenas de hombres y mujeres, gente común y corriente que han influenciado a otros profundamente y vivieron vidas de verdadero Liderazgo Legado. No todos comparten la notoriedad, y no todos tienen una lista de logros notables. Lo que todos tienen es lo mismo que hace que un líder sea un Líder Legado. De esto se trata el Liderazgo Legado: identificar y definir las cosas correctas de los Líderes Legado.

Los Líderes Legado se encuentran en todos los ámbitos de la vida, desde la sala de juntas hasta el campo de batalla, desde el servicio público hasta los hogares privados, los barrios, las escuelas y las comunidades. Se encuentran en las páginas desgastadas de los libros de historia, en los recuerdos de aquellos que han sido tocados por ellos, y siguen inspirando e influyendo en los líderes presentes y futuros.

Reconocido o relativamente desconocido, en los negocios o en la vida en general, el mundo está hambriento de este tipo de líderes: Líderes Legado. Son líderes que influyen intencionalmente en los demás. Influir es el núcleo de su ser, e impulsa los comportamientos, habilidades y competencias de todas las prácticas de Liderazgo Legado. Es lo que permite al líder vivir su legado hoy, y hacer crecer a los líderes del mañana. Con pequeñas cosas, o a grandes golpes, estos líderes cambian nuestro mundo.

Legado e Influencia

El legado en el liderazgo no se trata de dejar algo atrás, se trata de influir en los demás lo suficiente como para causar un cambio, un cambio de promover un liderazgo de forma inconsciente, a ser, conscientemente, un líder. La mejor manera de hacerlo es influir en persona, viviendo el legado hoy, no esperando a que otros reflexionen sobre el pasado el día de mañana.

Todos influenciamos, lo sepamos o no. De hecho, no podemos no influir. Si influimos o no, no es la cuestión. Es la forma en que influimos, positiva o negativa, intencional o accidentalmente. ¿Somos conscientes de la influencia, o completamente inconscientes de nuestro impacto en los demás? Muchos piensan en influir sólo como un método para obtener lo que quieren. Este no es el tipo de influencia que estamos discutiendo aquí. Simplemente están usando la influencia para ganar poder, dinero, favor, estatus o lo que sea que satisfaga a sí mismo. Esta es una distinción importante. Usar la influencia para obtener ganancias egocéntricas es un engaño. Influir intencionalmente para las relaciones positivas y el crecimiento desinteresado es un legado.

No Podemos NO influenciar.

La influencia es el corazón del legado. Entender cómo funciona su legado personal y profesional de influencia es fundamental para entender el liderazgo legado y es fundamental para impactar positivamente a los demás. Una persona fuerte y de influencia positiva intencional posee un comportamiento, un cierto conocimiento y una atracción o conexión instantánea e irresistible con los demás. Nos recuerda del homenaje leído al fallecer un líder: "... alguien que rápida y fácilmente se ganó mi respeto ... había algo intangible en él, diferente de cualquier otra persona que haya conocido". La influencia intencional es una característica y actitud que atrae a las personas. Este individuo llamó a la influencia del líder una "intangible". Le daríamos un nombre a este intangible: presencia.

Hay mucho que decir sobre el poder de la presencia. Seguramente usted ha conocido personas así, aquellos con los que deseaba compartir, aprender y aceptar. Y lo más peculiar de estas personas es que otros parecen querer complacerlos, ser lo mejor de sí mismos, ser más como ellos. Hay un dicho que captura esta cualidad: "Nuestros mejores amigos son aquellos en cuya presencia podemos ser nosotros mismos". Las personas que influyen positivamente son aquellas en cuya presencia podemos ser nosotros mismos, hacer nuestro mejor trabajo y alcanzar nuestro mejor potencial.

¿Cuáles son las características de una persona que influye? ¿una con este tipo de presencia? Considera a las personas que más te han influido en la vida. ¿Qué características tenían estas personas? Lo más probable es que su lista incluya la mayor parte de lo que comprende el Liderazgo Legado.

Estamos obligados a ofrecer una nota de precaución. Una persona que influye positiva e intencionalmente en los demás no es sólo alguien que hace que todos se sientan bien. A menudo tendrán que dar una charla difícil, o hacer preguntas difíciles, o tomar decisiones difíciles que impacten a otros. Sin embargo, esta dureza se entregará con tanta humildad y determinación comprometida para obtener los mejores resultados para todos, que las personas se inspirarán y liderarán de forma natural y consistente por ellas, para ser lo mejor de sí mismas. Su presencia en la vida de las personas deja un impacto duradero.

¿Qué es Liderazgo Legado?

A lo largo de los muchos años de experiencias combinadas, hemos observado los comportamientos más comunes de los líderes exitosos e identificado las prácticas heredadas que diferencian a los líderes destacados de otros líderes. Cuando escuchamos los temas más profundos de la mente de los líderes, eran asuntos de significado y legado. Desarrollamos Liderazgo Legado como un mapa para asegurar la excelencia en las prácticas de liderazgo que permitiría a los líderes no solo dejar el legado que pretendían, sino vivirlo hoy en día.

Hemos aislado, definido y hecho transferibles las prácticas comunes a los líderes que son capaces de lograr y sostener el éxito con personas, productos e ingresos. El Liderazgo Legado se basa en cinco Prácticas Legado que son comunes en todos los grandes líderes, ya sean los antiguos cuyos éxitos saltan desde las páginas desgastadas de la historia, o los líderes de Fortune 500 de hoy, y se observarán en los líderes del mañana. Es una filosofía, un modelo y un proceso probado para sacar a la luz a los mejores líderes individuales en una organización, establecer la cultura de liderazgo organizacional e impactar positivamente en los resultados finales. Es un enfoque equilibrado de las personas y la producción. Es simple pero potente. Funciona.

Los libros y artículos de líderes actuales cubren diversos aspectos y técnicas de liderazgo, pero no ofrecen un modelo integral. El Liderazgo Legado es un marco completo de prácticas, comportamientos, actitudes y valores que aborda todos los aspectos del liderazgo exitoso, energiza a las personas y a organizaciones enteras, y desarrolla activamente a los líderes del mañana, hoy. Los *Líderes Legado* se convierten en estudiantes de liderazgo mientras se concentran en desarrollar a otros líderes que también desarrollarán líderes, que desarrollarán líderes...

Escuchamos historias todos los días sobre la falta de un fuerte talento de liderazgo. Liderazgo Legado es una amplia plataforma para desarrollar líderes talentosos. Incluye competencias y prácticas con aplicabilidad inmediata a la mayoría de todas las posibilidades y desafíos a los que se enfrentan los líderes hoy en día

Muchas organizaciones tienen un conjunto de competencias con las que medir el desempeño de sus líderes; otros no lo hacen. En cualquier caso, Liderazgo Legado proporciona una estructura sólida en la que pueden residir tales competencias. Las 5 Prácticas Legado forman un mapa estructural para una imagen completa del destino de su programa de desarrollo de líder, para usted personalmente y para aquellos que usted lidera. El resultado son líderes plenamente desarrollados, tanto actuales como emergentes, y un potencial de liderazgo muy mejorado dentro de la organización. El liderazgo Legado hace que sea fácil adoptar un poderoso sistema de liderazgo en toda una organización proporcionando las pautas y el marco simple para que las personas sostengan esa cultura. Originalmente fue diseñado para el desarrollo de liderazgo, a todos los niveles. Cada empleado es un líder potencial, capaz de convertirse en un verdadero líder heredado. Este sistema describe y define la forma en que la organización hace negocios: en cada reunión, cada operación, cada proyecto, cada persona, cada nivel.

El Liderazgo Legado no es un estilo de liderazgo, es un sistema de vida y una forma de ser, no sólo de hacer. Este sistema contiene la sabiduría de siglos estructuradas y empaquetadas para los líderes de hoy y de mañana. Sus verdades

Las Cinco Prácticas del Legado

Dado que el liderazgo puede ser complejo, hemos simplificado y distinguido cinco plataformas básicas de competencia que representan un conjunto completo de comportamientos observables y medibles. Los comportamientos, cuando se usan en total, son puntos de apalancamiento para el éxito. Incluimos aquellas prácticas de liderazgo que son esenciales para cada líder, independientemente de la industria o posición dentro de la organización. A estas las llamamos las 5 Prácticas Legado. La mayoría de los principales modelos o enfoques de liderazgo encontrarán un ajuste dentro de este marco equilibrado e integral. Un modelo simple ilustra este marco.

Ser y Hacer

Cada una de las 5 Mejores Prácticas tiene tres componentes: una parte de SER y dos partes de HACER. La mayoría de los modelos de liderazgo tienen una lista de competencias, habilidades y acciones que contribuyen al buen liderazgo, pero los grandes líderes no solo HACEN, sino que SON. Al inicio, cuando tratamos de etiquetar las 5 Mejores Prácticas, se hizo difícil aplicar una etiqueta simple para incluir todos los componentes inherentes. Finalmente nos decidimos por etiquetas que en realidad reflejaran lo que significaban, y no que fueran simplemente términos acuñados o jerga. Con demasiada frecuencia la gente se centra simplemente en el liderazgo. Es vital considerar AMBOS aspectos de ser y hacer. SER implica una cierta conciencia sobre quién es el líder.

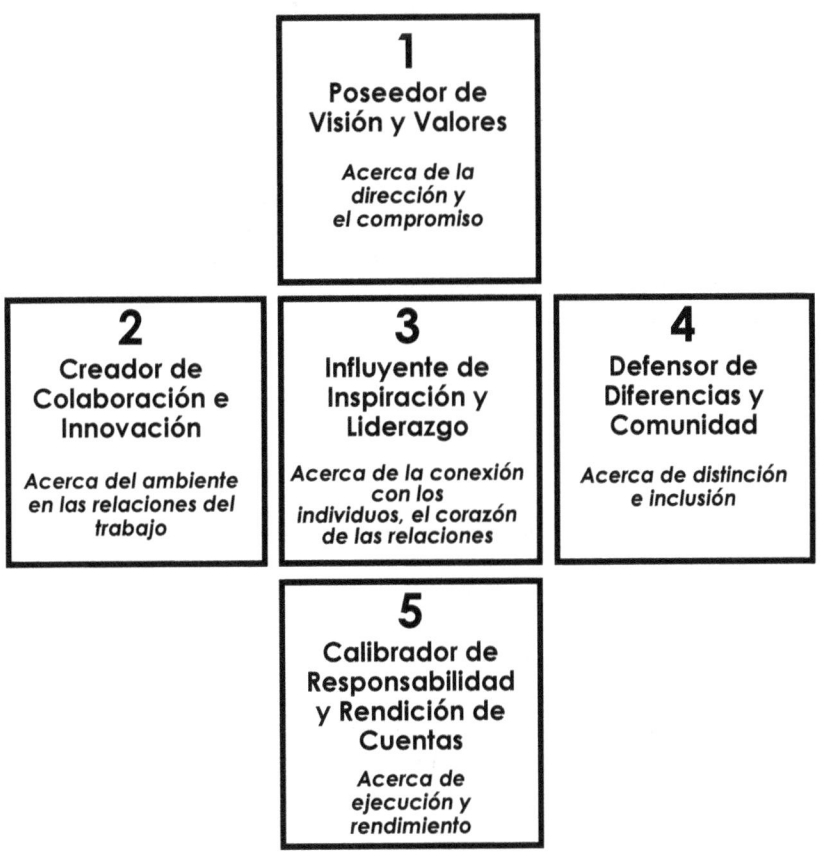

Cuando aplicamos nuestras etiquetas a estas Prácticas Legado, buscamos un poco de información inicial sobre los nombres. Nos dijeron que no estaban "de moda", o que eran demasiado tontos. Honestamente tratamos de emplear otros títulos que fueran tan memorables como estos, pero encontramos que ningún otro término definiera estas prácticas con tanta perfección, así como las palabras simples que definen su *ser y hacer*. Después de diez años de estar usando estas etiquetas, nos alegra habernos quedemos con ellas. Los líderes los recuerdan y los usan para guiar sus acciones. Una jerga de moda no haría eso.

Estas son las que llamamos las 5 Prácticas Legadas del Liderazgo Legado:

Una:	Poseedor de Visión y Valores™
Dos:	Creador de Colaboración e Innovación™
Tres:	Influyente de Inspiración y Liderazgo™
Cuatro:	Defensor de Diferencias y Comunidad™
Cinco:	Calibrador de Responsabilidad y Rendición de Cuentas™

La primera palabra en cada título es la parte del **ser** en la práctica de liderazgo. Un gran líder *es* primero un poseedor, un creador, un influyente, un defensor y un calibrador. Esta es la clave para entender este modelo de liderazgo y para entender lo que realmente hace grandes a los líderes. La grandeza reside en *quiénes son* primero, y lo que *hacen* en segundo lugar. Lo que una persona hace es dictado por lo que es. Algunas personas debatirán sobre si un líder nace o se crea. Decimos que es un poco de ambos. Comienza con el núcleo del líder, quién es. Pero incluso esta naturaleza central puede ser moldeada y transformada. A veces se trata de tener lo que llamamos un "ajuste de actitud". Todos los hemos tenido, y a menudo pueden alterar quiénes somos en el futuro. Este es el propósito de este modelo, dar forma al **ser** del líder, y luego pulir cómo actúa ese ser.

Ahora, como en ningún otro momento de la historia, hay una necesidad de desarrollar fuertes habilidades de liderazgo. Utilizando un modelo con éxito probado tanto para los mejores y los peores tiempos, Liderazgo Legado encarna un conjunto convincente y completo de competencias y habilidades. Los Líderes Legado lideran el camino para que otros sigan el desarrollo actual y el futuro. ¡Le damos la bienvenida a Liderazgo Legado!

Liderazgo Legado: El Modelo Bíblico para Líderes Cristianos

Liderazgo Legado es un sistema práctico que realmente funciona. Define la dinámica de las relaciones humanas, y las reúne en una plataforma memorable y flexible para un liderazgo exitoso. Estas dinámicas humanas, lo que funciona en relación e interacción, tienen éxito PORQUE son la dinámica de Dios. Así es como nos diseñó, para trabajar juntos, y los principios de Su voluntad y sistema para las relaciones humanas han estado a nuestra disposición desde que Moisés escribió por primera vez la Torá, los primeros 5 libros de la Biblia. Liderazgo Legado comprende la voluntad y los caminos de Dios para nosotros mientras lideramos e interactuamos con otros. CoachWorks® ha escrito Liderazgo Legado en conceptos basados en la fe, utilizando referencias a las escrituras y lenguaje de fe para la práctica aplicación de los líderes Cristianos. La mayoría de las 50 habilidades críticas para el éxito originales se traducen sin mucha necesidad de cambio, pero hay una gran diferencia entre el líder secular y el líder Cristiano: **Dios es jefe. Se trata de El, no de usted ni de mi.**

Las 5 Prácticas Legado de Liderazgo Legado®

El siguiente es un breve resumen de las 5 Prácticas Legado del Liderazgo Legado®, tanto para el modelo de negocio como para el modelo de fe. Todos los conceptos, comportamientos, competencias, habilidades, etc. incorporados en las Mejores Prácticas del Modelo de Negocio también se encuentran en el Modelo de Fe. **Pero hay una gran diferencia: Dios es el jefe del líder cristiano. Sus costumbres y voluntad son nuestra primera prioridad.** La explicación del Modelo de Fe hace esta distinción. Las 5 mejores prácticas incluyen 10 habilidades de éxito crítico para cada práctica recomendada. Las 10 Habilidades de Éxito Crítico que componen cada Mejor Práctica se pueden encontrar en el Inventario de Competencias para Líderes Cristianos de Liderazgo Legado® y el Modelo incluido en este documento.

1. Poseedor de Visión y Valores™

DEFINICIONES			EXPLICACIÓN y DISTINCIÓN	
			MODELO DE NEGOCIOS	**MODELO DE FE***
POSEEDOR	**VISIÓN**	**VALORES**	Esta Mejor Práctica tiene que ver con la dirección y el compromiso. El término "poseedor" indica que el líder vive la visión y valores mientras mide cada acción contra ambos. A continuación, la directriz proporciona un enfoque y una dirección coherentes...las habilidades críticas de éxito incluyen: Integración de visión y valores a todas las responsabilidades, tener un plan estratégico bien definido, comunicar al equipo la visión y los valores, fijar metas y parámetros, modelando la práctica, desarrollando el potencial de otros para que entreguen lo mejor de sí, y sostener y comunicar la visión y los valores de forma efectiva	Para el líder cristiano, esta Mejor Práctica incluye, por encima de todo, la celebración de la visión y los valores de Dios, Sus planes e intenciones para las personas y toda la humanidad, y alentar su recuerdo. La celebración de la visión y los valores de Dios siempre tiene prioridad sobre la visión y los valores seculares, y nunca vacila en su prioridad principal. Incluye haber identificado claramente los valores personales, "actuar como se predica" en todo momento, y modelar intencionalmente los principios y valores de Dios, que se integran en todo lo que hace el líder cristiano.
El que mantiene a mano aquellas cosas que son importantes, al aceptar y valorar su recuerdo.	Una visión y comprensión claras de las metas, planes e intenciones factibles.	Cosas que se consideran correctas, que valen la pena y son valiosas. Las bases de los principios y estándares guía		

2. Creador de Colaboración e Innovación™

DEFINICIONES			**MODELO DE NEGOCIOS**	**MODELO DE FE***
CREADOR	**COLLABORACIÓN**	**INNOVACIÓN**	Esta Mejor Práctica se trata de crear un ambiente positivo en las relaciones laborales. El término "creador" indica la habilidad del líder para crear un ambiente de aprendizaje de confianza donde puede producirse la colaboración y la innovación. Las habilidades críticas de éxito incluyen habilidades para: dar rienda suelta a la innovación, escuchar magistralmente, aprender de los demás, ser conscientes del panorama más amplio, discernir cuándo es necesario que se produzca el cambio y ser un facilitador magistral	El Líder Cristiano entiende que todas las personas son creativas, hechas a imagen de Dios, y como tales tienen la capacidad de realizar oportunidades difíciles de colaboración e innovación, donde se suspende el juicio, se fomenta la confianza y se aborda el desacuerdo con humildad, con corazón, para llegar a los demás. La verdadera innovación viene sólo con la guía y la confianza de Dios en el Espíritu Santo. El líder cristiano siempre fomenta la colaboración y la innovación, pero siempre corrobora todo frente a la voluntad, la palabra y los caminos de Dios.
El que causa que algo "sea creado" a través de medios originales o inventivos.	El proceso de trabajar juntos para alcanzar metas comunes en vez de servir a una agenda personal.	La introducción de algo nuevo y diferente al proceso de lograr metas.		

3. Influyente de Inspiración y Liderazgo™

DEFINICIONES			**MODELO DE NEGOCIOS**	**MODELO DE FE***
INFLUYENTE	**INSPIRACIÓN**	**LIDERAZGO**	Esta Mejor Práctica se trata de individuos, el corazón de las relaciones, al igual que del liderazgo. El término "influyente" indica la habilidad del líder para influir e inspirar relaciones positivas. Las habilidades críticas de éxito incluyen habilidades para: influir positivamente, demostrar altos niveles de inteligencia emocional, sacar lo mejor de las personas desarrollándolas plenamente, enfocarse en los demás en lugar de en sí mismo, tomar decisiones difíciles con un impacto mínimo de las personas, y ser humilde mientras se decide a lograr las metas establecidas	El líder cristiano utiliza su fe, su actitud positiva y la guía del Espíritu Santo para desarrollar relaciones e influir en los demás. La toma de riesgos, las decisiones difíciles y el logro de metas se realizan sólo por medio de la guía del Espíritu Santo, no de la autosuficiencia. El líder cristiano en última instancia trabaja para la gloria de Dios, no para sí mismo. Este líder entiende que Dios es el líder supremo y la fuente de verdadera inspiración. El desarrollo espiritual de los demás es una preocupación primordial y la verdadera obra del líder cristiano.
Aquel que produce un efecto deseado en los demás, por medios directos o indirectos.	El proceso de animar o motivar a otros a alcanzar nuevos niveles de logro	El proceso de guiar y dirigir a los demás al éxito compartido.		

4. Defensor de Diferencias y Comunidad™

DEFINICIONES			**MODELO DE NEGOCIOS**	**MODELO DE FE***
DEFENSOR	**DIFFERENCIAS**	**COMUNIDAD**	Esta Mejor Práctica se trata de distinguir las habilidades individuales e incluir las diferentes perspectivas. El término "defensor" indica la habilidad del líder para apoyar y defender los talentos basados en las fortalezas. Las habilidades críticas de éxito incluyen habilidades para: ser un defensor de las personas, ser un conocedor del talento, insistir en equipos con diversas perspectivas y habilidades, defender el desarrollo y la colaboración interfuncionales, reconocer el impacto de la comunidad, y promover un entorno inclusivo unido hacia un enfoque común.	La lealtad del líder cristiano es a Dios primero, luego a otros. Entiende los dones espirituales, es capaz de discernirlos y es un defensor de una cultura de fortalezas (dones) dada por Dios. Al mismo tiempo que promueven un entorno inclusivo unido hacia la atención común. Los líderes cristianos también saben que sólo pueden hacerlo mientras los valores y la visión de Dios no se vean comprometidos. Fomentan la colaboración en lugar de la orientación "cuadrada", en todos los ámbitos de la vida. Los líderes cristianos ayudan a la comunidad a ser afines y abiertas al mayor potencial de toda la familia, ya sea en los negocios o en la fe.
Uno que apoya una causa, una práctica o una persona en su nombre.	Esas cualidades que distinguen a las personas o cosas de otras personas o cosas.	Un grupo de personas con interés compartido trabajando juntos para lograr el éxito compartido		

5. Calibrador de Responsabilidad y Rendición de Cuentas™

DEFINICIONES			**MODELO DE NEGOCIOS**	**MODELO DE FE***
CALIBRADOR	**RESPONSABILIDAD**	**RENDICIÓN DE CUENTAS**	Esta Mejor Práctica se enfoca en ejecución y rendimiento medido contra la visión y los valores. El término "calibrador" indica vigilancia constante, con posibles ajustes de progreso hacia el cumplimiento de responsabilidades y rendición de cuentas. Las habilidades críticas de éxito incluyen las habilidades para: Ejecutar exitosamente, mantener un "dedo en el pulso" para medir estados, requerir alto rendimiento, proveer retroalimentación y coaching, tener planes de acción claramente definidos, modelar un sentido de urgencia al hacer las cosas y responder al cambio, estar alerta a las tendencias y mejorar el compromiso al seguimiento.	Un líder cristiano entiende plenamente que la responsabilidad y la rendición de cuentas vienen con ser cristiano. El Espíritu Santo dentro de nosotros actúa como el "convencedor" (o en realidad "convicto" de acuerdo con la Escritura) de nuestra necesidad de saber algo acerca de nosotros mismos, bueno o malo. Es el faro que señala dónde podríamos haber vacilado sobre las expectativas de Dios y nos ayuda a encontrar el camino de regreso. Pero sólo cuando estamos verdaderamente conectados con Él a través de la oración y la adoración podemos ver esta Luz. Este líder cristiano modela los más altos niveles de responsabilidad y rendición de cuentas frente a todos los que le rodean, tanto en los negocios como en la fe, al buscar primero la voluntad de Dios todos los días en sus propias vidas, luego viviendo obedientemente. Estos líderes confían en los controles y equilibrios de Dios, y requieren lo mejor de sí mismos en todo lo que hacen.
Uno que "establece la marca" a la medida cuantitativa de aceptación/éxito.	La habilidad de responder correctamente y lograr las expectativas establecidas.	La obligación de justificar conductas, condiciones o circunstancias.		

La VERDADERA Clave al Éxito en el Liderazgo

No nos gusta decirlo, pero los modelos de liderazgo abundan en estos tiempos. Cada semana parece que la lista de los más vendidos está coronada por la interpretación más reciente - o mejor aún, el *descubrimiento*- de las claves para un liderazgo exitoso. Los libros de liderazgo toman su lugar en los nuevos porta revistas uno al lado del otro con la versión de bolsillo de la última tendencia en locuras dietéticas. Todo el mundo dice tener un nuevo secreto para el éxito de liderazgo. Una nueva lista de competencias, una fórmula para acciones y reacciones, un arma secreta previamente desconocida para el rey del poder corporativo.

No lo malinterprete. Obviamente hay ciertas competencias, habilidades, comportamientos y actitudes que mejoran e incluso promueven el éxito en el liderazgo. CoachWorks® International, Inc. desarrolló un modelo de liderazgo basado en más de 40 años combinados de observación y experiencia con líderes, programas de liderazgo y el uso de otros modelos. Al trabajar con cientos de líderes, se identificaron indicadores de comportamiento para prácticas de liderazgo exitosas, y con el tiempo, más de 150 conjuntos de habilidades de liderazgo se redujeron a las 50 Habilidades de Éxito Crítico que se convirtieron en la plataforma para las 5 Mejores Prácticas de un modelo de liderazgo altamente flexible y adaptable que fue marcado como Liderazgo Legado® – ya que la premisa es que los líderes exitosos desarrollen otros líderes exitosos.

Es cierto que este modelo de liderazgo no se desarrolló, al menos a sabiendas, sobre los fundamentos de la fe. Sin embargo, poco después de su creación original como un modelo de negocio secular, Liderazgo Legado® fue visto como un sistema práctico que realmente funciona con las personas. ¿Por qué? ¿Qué hizo que este modelo fuera diferente a otros? Después de meditar sobre esto, y humildemente darnos cuenta de que no habíamos descubierto el último secreto para el éxito de liderazgo, vimos que la respuesta era simple. Dios lo escribió primero. El Liderazgo Legado® funciona porque define la dinámica de las relaciones humanas. Estas dinámicas humanas, y lo que funciona en relación e interacción, son exitosas porque son la dinámica de Dios. Es cómo nos diseñó para trabajar juntos, y los principios de Su voluntad y sistema para las relaciones humanas han estado disponibles para nosotros desde que Moisés escribió por primera vez la Torá, los primeros 5 libros de la Biblia. Rápidamente se hizo evidente que Liderazgo Legado ® encarna la voluntad y los caminos de Dios para nosotros al guiar e interactuar con los demás. Da igual si usted es un líder en una organización secular, en el ministerio o en su hogar.

Pero incluso ese descubrimiento revelador no era el verdadero secreto detrás de un liderazgo exitoso. No es el modelo de liderazgo lo que garantiza el éxito de un líder cristiano, aunque nos gustaría pensar que Liderazgo Legado® funciona mejor que la mayoría de los demás porque refleja el plan de Dios para la interacción humana. El Liderazgo Legado® funciona cuando lo aplican los líderes seculares o creyentes simplemente porque captura lo que funciona en las relaciones humanas. Pero para el líder cristiano hay una gran diferencia desde el primer momento: Dios es el jefe. Se trata de Él, no de usted ni de mí.

Debido al éxito de Liderazgo Legado®, y la comprensión de que se basa en principios piadosos, CoachWorks® ha adaptado el modelo original en conceptos basados en la fe, utilizando la referencia de las Escrituras y el lenguaje de la fe, para que pueda ser utilizado en la aplicación práctica por los líderes cristianos. Pero los componentes del modelo en sí significan poco, si el líder no entiende que toda la premisa de este modelo, y el éxito posterior para el líder, descansa directamente en la verdad fundamental de que todo lo que hacemos como cristianos ("líderes" o no) debe ser todo acerca de Él, no nosotros.

Esto no es fácil. La naturaleza humana quiere "hacerlo a su manera" y ser autosuficiente, autoglorificante, y no de forma responsable. Pero este no es el camino de Dios para nosotros. Todas las Habilidades de Éxito Crítico del Liderazgo Legado no valen nada, a menos que nos acerquemos al liderazgo sometido a Dios, listo para recibir Su aporte, y luego hagamos Su voluntad obedientemente. Siempre tenemos buenas intenciones (¡no perderemos el tiempo haciendo referencia a donde eso conduce!), pero los cristianos también son propensos a la tentación humana de ser el centro de atención, de darnos palmaditas en la espalda por nuestras excelentes habilidades, intelecto y sabiduría, generalmente tomando el crédito de Aquel que realmente se lo merece, y luego tratando de funcionar con nuestra propia fuerza. El fracaso se cierne alrededor de la esquina cuando esto sucede. Cuando los cristianos se encuentran en posiciones de liderazgo, la tentación de pensar que Dios nos necesita es difícil de superar. Después de todo, es sólo porque tenemos habilidades superiores que nos puso aquí, ¿verdad? Pues no.

Nada podría estar más lejos de la verdad. El concepto de que Dios nos necesita es risible. Cuando los cristianos se convierten en lo que el mundo llama "líderes" (aunque argumentaríamos que TODOS los cristianos son líderes), deben agradecer humildemente a Dios por la oportunidad de ser utilizados por Él, caer de rodillas y temerosamente y con gran admiración, postrarse humildemente ante Él, reconociendo que esta posición es un don de servicio para Él. Es un privilegio concedido debido a la gracia de Dios y al plan insondable, no por algo que hayamos hecho. Además de recordar que Dios es el jefe, el líder cristiano reconoce con gratitud que Dios tiene todas las respuestas, y confía en él, más que en sí mismo y en la falibilidad de la sabiduría y el discernimiento humano.

En el libro de Max Lucado titulado *"It's Not About Me"(No se Trata de Mí)* (Integrity Publishers, Nashville, Tennessee, ©2004) habla del enorme cambio en el pensamiento que causó Copérnico cuando reveló que la tierra no era el centro del universo. Dice:

"¿Podríamos usar un cambio copernicano en este momento? Tal vez nuestro lugar no está en el centro del universo. Dios no existe para hacernos grandiosos. Nosotros existimos para hacerlo grandioso a Él. No se trata de ti. No se trata de mí. Se trata de Él".

Esta es la verdadera clave para el éxito del liderazgo. Cuando Dios coloca a Su pueblo en posiciones de liderazgo, lo hace con un propósito: SU propósito. Se trata de Él, no de nosotros, y nunca falla. Una vez que nos damos cuenta de que es el plan de Dios, y es la responsabilidad de Dios cumplirlo, y nos hemos sometido completamente a Él, realmente podemos encontrar el éxito en nuestros roles de liderazgo y nuestra vida.

Cada una de las 5 Mejores Prácticas del Liderazgo de Legado® incorpora componentes duales, además de un SER funcional para el líder:

Mejor Práctica 1: **Poseedor de Visión y Valores™**
Mejor Práctica 2: **Creador de Colaboración e Innovación™**
Mejor Práctica 3: **Influyente de Inspiración y Liderazgo™**
Mejor Práctica 4: **Defensor de Diferencias y Comunidad™**
Mejor Práctica 5: **Calibrador de Responsabilidad y Rendición de Cuentas™**

En la versión de fe del Liderazgo Legado® las 5 mejores prácticas exploran los fundamentos de la fe, utilizando ejemplos de líderes bíblicos. El objetivo del liderazgo es hacer que otros lo sigan. El objetivo final del liderazgo cristiano es que los demás nos sigan para encontrar a Jesús. A veces eso se hace con palabras, pero la mayoría de las veces es con el ejemplo. Y los líderes cristianos desarrollan otros líderes con el ejemplo.

¿Es un líder cristiano? ¿Se ha sometido completamente a Dios, dándose cuenta de que es simplemente la "herramienta de poder" en Sus manos, o ha permitido que la actitud mortal de orgullo de sí mismo se arraigara en su liderazgo? Aplaque a su yo interno y tome el manto y el poder de Dios. Conviértase en la vara sirviente en las manos de Dios Todopoderoso, y deje que separe los mares de liderazgo para usted y, en última instancia, para los demás, con Su poder, fortaleza y plan perfecto. Y, mientras está en ello, escriba esto en el espejo de su baño: "No se trata de mí".

Verdad Fundamental: El Legado es de Él
Se Trata de Él

Usted notará que el logotipo de Liderazgo Legado para Líderes Cristianos se basa en el diseño de 5 bloques utilizado originalmente para las 5 Mejores Prácticas de Liderazgo Legado. Para el cristiano, sin embargo, se añade otro bloque angular a la parte inferior de la pieza de 5 bloques. No es por accidente que este gráfico muestre ahora claramente una cruz, un recordatorio de exactamente a quién servimos y quién es en última instancia nuestro Líder. Toda la premisa de este modelo para el liderazgo se basa en una verdad fundamental: todo lo que hacemos como cristianos (seguidores de Jesús para ser literales) debe ser todo acerca de Él, no de nosotros. Para ser líderes cristianos verdaderamente eficaces, debemos someternos completamente a Su liderazgo, confiar únicamente en Su guía y trabajar sólo como él lo indique.

Como dijimos antes, esto no suele ser muy fácil. A los humanos no nos gusta la rendición de cuentas, y no nos gusta la autoridad. Pero todos los mejores consejos y modelos de liderazgo en el mundo serán absolutamente inútiles para los líderes cristianos, a menos que nos acerquemos al liderazgo sometido a Dios, colocándolo en la silla del líder, no en nosotros. El siguiente es un extracto del folleto "*It's Not About Me: The Keys to Sacrificial Service for God.*" ("*No se trata de mí: Las llaves del servicio de Sacrificio*

para Dios.") Este folleto hace 5 preguntas básicas de aquellos que desean estar en la voluntad de Dios, y servirle lo mejor que pueden. También basa estas preguntas y respuestas directamente en la misma verdad fundamental: No se Trata de Mi. El liderazgo cristiano no se trata del líder cristiano, sino del Dios que hizo al líder y la oportunidad de servir.

1. *¿Está bien con Dios?*
2. *¿Está bien con Otros?*
3. *¿Está bien con usted Mismo?*
4. *¿Está listo para esta Posición?*
5. *¿Está bajo la convicción del Espíritu Santo?*

Se trata de Dios. No sobre usted, No sobre mí.

Hay una pregunta más, una que es la clave no sólo para el ministerio (y el liderazgo), sino para toda su relación con Dios. Esa pregunta es: **¿Está dispuesto a someterse a Dios?**

- ¿Está dispuesto a permitirle hacer Su voluntad con usted?
- ¿Está dispuesto a dejar que le guíe bien en estas áreas?
- ¿Está dispuesto a hacerlo no sólo Salvador, sino Señor de su vida?
- ¿Está dispuesto a permitirle ser el líder supremo, el que obtiene la gloria, no usted?

¿ESTÁ DISPUESTO....?

Salvador Y Señor

En el Nuevo Testamento, la palabra "Salvador" se utiliza 24 veces para describir a Jesús. Sin embargo, hay otra palabra que se usa más de 700 veces en el Nuevo Testamento para describirlo. Esa palabra es "Señor". El Nuevo Testamento fue escrito originalmente en griego, el idioma del pueblo en ese momento. La palabra griega para lo que hemos traducido como Señor es **KURIOS**, y la traducción literal de esa palabra en inglés es MASTER, AMO, en español. Implica *"a quién pertenece una persona o una cosa, sobre la cual tiene poder de decidir; amo, señor, el poseedor y eliminador de una cosa, el propietario; uno que tiene el control de la persona, el amo.*

Una lección fundamental antes de empezar....

El nombre de nuestro Salvador es **Jesús** *(Yeshua en hebreo)*. Su posición es **Cristo** (El Mesías, o HaMashiach en hebreo, Christos en griego - El Ungido). Su título es **Señor** (Maestro). Es la creencia en Jesús lo que nos salva, pero Dios espera más. Espera que cedamos completamente a Jesús, que lo hagamos Jehová, Maestro de nuestras vidas. Eso significa que es el número UNO. Está a cargo. Su voluntad está ante nuestra voluntad. Esa es quizás la decisión más difícil que tomaremos en la vida – es la más difícil para nuestra naturaleza pecaminosa y orgullosa. Debe ser una elección natural después de nuestra decisión de creer en Él y confiar en las promesas de salvación de Dios a través de Jesús. Pero muy a menudo la gente se detiene en la creencia. Quieren mantener la "propiedad" de sus vidas, y mantener el control.

Algunos parecen pensar que al ceder, sometiéndose a Jesús, deben renunciar a toda la "diversión" en sus vidas. ¡Vaya si están equivocados! A lo que renunciamos es al dolor, al egoísmo, a la arrogancia y al orgullo. Lo que ganamos no se puede describir adecuadamente con palabras. Lo que ganamos, en esencia, es la libertad de todas esas cosas. En las epístolas de Pedro, siempre se refiere a Jesús como Señor y Salvador. Maestro y Salvador. Debe ser ambos.

Santiago, el hermano de Jesús, escribe:

"Por lo tanto, someteos a Dios. Resistiros al diablo y huirá de ustedes. Acérquense a Dios y se acercará a vosotros. Limpiad vuestras manos, pecadores; y vosotros de doble ánimo, purificad vuestros corazones. Humillaos a la vista del Señor, y Él os levantará." (James 4:7, 8, 10 NKJV)

La libertad obtenida al someterse absolutamente a Dios es descrita por Pedro:

"Humillaos, pues, bajo la poderosa mano de Dios, para que El os exalte a su debido tiempo, ⁷ echando toda vuestra ansiedad sobre El, porque El tiene cuidado de vosotros.." (1 Pedro 5:6-7 LBLA)

Hay una gran libertad al renunciar a la necesidad de exaltarnos, porque al someternos a Dios, nos exaltará. Esa es, por demás, la mejor opción. Dios quiere cargar con nuestros pesos, nuestras necesidades, nuestros deseos, nuestro todo. Quiere CARGARNOS. Pero no lo hará sin nuestro permiso. La elección es nuestra. O está a cargo Él, o estamos nosotros. No puede ser de ambas maneras. Esta es, probablemente, la primera lección más importante para el líder Cristiano.

Siervos

Las Escrituras también usan la palabra "siervo" como en "siervo de Jesús". En español no podemos lograr el mismo poder de lo que se pretendía con esta palabra. Un siervo, tal como lo entendemos, es una persona que todavía tiene cierta libertad para ir y venir, tener una vida propia y toma muchas decisiones por sí mismo. La palabra original en griego, sin embargo, es **DUOLOS**, que significa "fiador". El verdadero significado de esta palabra, tal como se utilizó en la cultura griega en ese momento (incluso Israel estaba "helenizado" cuando se escribió el Nuevo Testamento – bajo la influencia de la cultura griega), nos dará una mejor idea del impacto de lo que debe ser nuestra relación con Dios.

La esclavitud era común en la época bíblica. Un esclavo podría haber sido capturado por un pueblo conquistador, o podría habérsele entregado a sus conciudadanos (los judíos a menudo tenían esclavos judíos) para pagar una deuda. Cualquiera que sea la razón, al esclavo se le daban deberes domésticos y se esperaba que obedeciera al amo de la casa, al menos por el término acordado.

Sin embargo, en algunos casos, un esclavo estaba tan agradado con un amo y a la casa de su amo, que haría la elección libre y personal de permanecer con ese amo de por vida. Literalmente se convertían en parte de la casa, siempre al servicio de ese amo y su familia. Esta era una elección **libre** por parte del esclavo. Llegarían a estimar al amo tanto, que elegían libremente permanecer Unidos a esa persona de por vida. La costumbre en ese momento era llevar a la persona a la puerta de entrada de la casa e introducir un punzón a través del lóbulo de la oreja del esclavo *(no haga muecas, ¡esto era como ponerse un arete!)* y entonces al esclavo se le daría un pendiente con el sello personal o la marca del maestro. Esta era una ceremonia solemne y significaba la elección voluntaria del esclavo para pertenecer para siempre a este amo, y la promesa del amo de cuidar siempre a esta persona

¿Entiende el mensaje? **ESTE** es el tipo de "siervo" que debemos ser para Dios. Hemos, en esencia, llegado a amar tanto a Dios que ni siquiera podemos pensar en estar lejos de Él, y por lo tanto libremente elegimos seguir siendo Sus siervos para siempre. Es el Maestro. Somos el esclavo, por nuestra propia elección. Este es el tipo de relación que Dios quiere con nosotros. Cuando estos esclavos solicitaban esta servidumbre permanente, el amo de la casa los recibía como familia, aunque seguían siendo siervos. El amo cuidaría de él por el resto de su vida, y a su vez el esclavo serviría a este amo siempre, libremente y con gran alegría.

Dios es un caballero. No nos impondrá Su voluntad, sin nuestro permiso. Así que volvemos a la pregunta: ¿Está **dispuesto**...? ¿Es Jesús Salvador **y Señor** para ustedes? ¿Es el amo de su vida, o es usted?

Si no puede decir, honestamente y con un corazón humilde, que Jesús es su Maestro, que EL es el quien está en control (no usted) **entonces probablemente debería reconsiderar el servicio de cualquier tipo (¡incluyendo el liderazgo!).** Dios quiere su corazón, no su servicio sin sentido. Y no tiene sentido sin su corazón. Cuando Santiago dice "la fe sin obras está muerta", tiene claro que la fe es lo primero. La fe no es sólo creencia, es sumisión completa a Dios. Las obras vienen como una ofrenda natural a Dios. El servicio exitoso a Dios fluye de un corazón que se le entrega libremente. Hemos renunciado a la propiedad de nuestra vida a Él. Es una elección de la que NUNCA se arrepentirá.

Por supuesto, ninguno de nosotros puede responder SI a todas las preguntas implícitas bajo esta lista de verificación de 5 puntos. PERO, la pregunta principal es: ¿Está dispuesto a dejar que Dios **haga** que sus respuestas sean AFIRMATIVAS? Estar completamente bien con Dios, con los demás y con nosotros mismos es un proceso. No sucede de la noche a la mañana. Dios es compasivo y nos guía suavemente a través de la convicción de Su Espíritu Santo. Esto es un proceso, y ese proceso se llama santificación. Es una de las funciones del Espíritu Santo en nuestra vida.

El Proceso de Santificación

La santificación es el proceso de hacernos santos. La palabra santidad proviene de la palabra griega **HAGIAZO** que literalmente significa "hacer santo, separarse de las cosas profanas y dedicarse a Dios, purificar internamente, renovando el alma, apartarse y separarse del mundo". Ya no hacemos las cosas que el mundo hace, sino que hacemos cosas que halagan a Dios.

Trabajamos de manera diferente. Cuando mantenemos el control de nuestras vidas, en lugar de convertir a Jesús en nuestro Maestro, seguimos viviendo, trabajando y operando como el resto del mundo, en las tinieblas y en el pecado. La santificación nos diferencia del mundo, y es un proceso, un proceso de por vida.

Si no puede responder las preguntas de 5 puntos 1, 2 o 3 con un firme sí, entonces puede que Dios necesite trabajar en su vida, con su permiso. Esto no significa necesariamente que no pueda ser utilizado en el servicio. Si puede responder ¡SI! (¡Resonantemente!) a las preguntas de si usted está DISPUESTO a dejar que obre en usted para hacer lo correcto, y si está DISPUESTO a estar bien con Él (hacerlo el Maestro), entonces definitivamente está listo para el servicio. Sin embargo, si no puede decir "sí" a Jesús como Maestro de su vida (y todo lo que implica), entonces su servicio es una pérdida de su tiempo, y el de Dios.

(Nota: Extracto del folleto, "It's Not About Me: The Keys to Sacrificial Service for God."("No se trata de mí: Las llaves del servicio de Sacrificio para Dios"). Si desea obtener más información sobre este folleto/ información, póngase en contacto con CoachWorks International en info@coachworks.com.)

El liderazgo cristiano es la vida cristiana— el camino de Dios, no nuestro camino. Base su liderazgo en la verdad fundamental de que todo lo que hacemos es acerca de Él. Es la única manera de asegurar la bendición de Dios a su servicio.

El Legado es de Él.
Se Trata de Él.

Tómese un momento para hacer algunas notas personales en el espacio a continuación sobre el material que acaba de leer acerca de lo que el Legado realmente es, acerca de ser siervos y someterse plenamente a Dios para ser utilizado por El. Considere también responder honestamente las 5 preguntas presentadas anteriormente acerca de "estar bien".

La Luz Cristiana: *Esfera de Influencia*

"Vosotros sois la luz del mundo; una ciudad asentada sobre un monte no se puede esconder. Vosotros sois la luz del mundo; una ciudad asentada sobre un monte no se puede esconder. Ni se enciende una luz y se pone debajo de un almud, sino sobre el candelero, y alumbra a todos los que están en casa. Así alumbre vuestra luz delante de los hombres, para que vean vuestras buenas obras, y glorifiquen a vuestro Padre que está en los cielos".
(Mateo 5:14-16 NIV)

Durante Su Sermón en el Monte, Jesús explicó muchas cosas a Sus seguidores. Les dio un modelo para la vida, uno que glorificaba a Dios, no a uno mismo. Jesús les dijo que mientras caminaba por la tierra, era la Luz del Mundo. Pero Sus seguidores también eran luces, y cuando Jesús regresó a Su Padre, los creyentes se convirtieron en las únicas luces de este mundo, entonces y ahora. El Espíritu Santo ha sido depositado en nosotros, para que la luz de Dios brille a través de nosotros. Es un pensamiento asombroso. Cada cristiano es una luz, en un mundo oscuro donde la luz es rara y muy necesaria para caminar por el camino de la vida

Necesitamos entender cuán trascendental puede ser esa luz. Cada uno de nosotros tiene un amplio círculo de influencia. Es útil tomarse unos momentos para imaginar cómo es esa esfera de influencia, y cómo nuestra luz, o la falta de ella, afecta a los demás. Este es un entendimiento vital para todos los cristianos, pero sobre todo para los líderes cristianos. Como las polillas a una llama, todos los ojos están en el líder. Todos los ojos buscan la luz

Nos recuerdan la maravillosa película navideña "It's a Wonderful Life"(¡Qué Bello es Vivir!) donde George Bailey (interpretado por Jimmy Stewart) deseaba estar muerto. El ángel Clarence le pidió permiso a Dios, y le mostró a George cómo sería el mundo sin él. Fue todo un descubrimiento para George, y debería hacernos pensar en nuestra propia influencia. No podemos NO influir. Tenemos que pensar y ser intencionales sobre esa influencia. ¿Estamos emanando la luz de Dios a los que están en nuestra esfera de influencia, o hemos puesto un cuenco sobre la luz? O, Dios no lo quiera, ¿nos estamos mezclando con la oscuridad que nos rodea?

EJERCICIO 1: ¿QUIÉN INFLUYÓ SOBRE USTED?
Piense en la persona que más influyó en su vida hasta ahora. Esta persona puede ser un líder, un miembro de la familia, un amigo o cualquier otra persona. Esta influencia puede ser para bien o para mal. A menudo aprendemos mucho de las malas influencias también. A continuación, tómese el tiempo para determinar por qué eligió a esta persona. Escriba sus respuestas a continuación o utilice otra hoja de papel.
¿QUIÉN HA INFLUIDO MÁS EN SU VIDA? ¿por qué? (¿Qué características/comportamientos mostró esta persona?)

EJERCICIO 2: ¿SOBRE QUIÉN INFLUYE USTED?
A continuación, represente sus propias esferas de influencia personales y profesionales. ¿En qué vidas influye? ¿Dónde brilla su luz? (Incluya a TODOS, familiares, amigos, vecindario, negocios, iglesia, etc.) ¿Y qué vidas la influyen las vidas que USTED toca? Dibuje esto como un enorme diagrama de flujo organizacional, o como un gran círculo dentro de los círculos (su elección). Colóquese en la parte superior (¡después de Dios, por supuesto!) o en el centro, y muestre los nombres de a quienes influye de cualquier manera, y luego aquellos a los que éstos influyen, y continúe así hasta donde le sea posible. Este ejercicio es importante aquí mismo, al comienzo de esta presentación, para que a medida que pase por las explicaciones del Liderazgo Legado para los Líderes Cristianos, comience a entender la importancia de su influencia de liderazgo y de su vida centrada en Dios.

Dibuje el gráfico en la página opuesta y enumere todos los nombres que pueda. Cuando haya completado esto, estará listo para pasar a las explicaciones de la Versión de Fe de las 5 Mejores Prácticas. Refiérase a este gráfico de vez en cuando y expándalo. Comprenda que está arrojando luz sobre muchos lugares. Manténgala brillante.

La Luz Cristiana: *Esfera de Influencia*

Mi Gráfica Personal de Esfera de Influencia

¿SOBRE QUIÉN EJERCE INFLUENCIA?

EL MODELO

Liderazgo Legado® se basa en cinco plataformas de competencias básicas para un liderazgo exitoso que llamamos Las 5 Prácticas Heredadas. La mayoría de los principales modelos o enfoques de liderazgo encontrarán un ajuste dentro de este marco equilibrado. Hemos incluido aquellas prácticas de liderazgo que son esenciales para cada líder, independientemente de su industria, ministerio o nivel dentro de una organización. Estas cinco áreas de práctica forman el contexto del Modelo de Liderazgo ® Legado. La caja final sobre la que están todos los demás es la visión última, los valores, la inspiración y la responsabilidad para el líder cristiano. Dios obtiene el Legado y la gloria.

"Ahora Cristo está muy por encima de todo, sean gobernantes o autoridades o poderes o dominios o cualquier otra cosa, no solo en este mundo sino también en el mundo que vendrá. Dios ha puesto todo bajo la autoridad de Cristo, a quien hizo cabeza de todas las cosas para beneficio de la iglesia. Y la iglesia es el cuerpo de Cristo; él la completa y la llena, y también es quien da plenitud a todas las cosas en todas partes con su presencia."
(Efesios 1:21-23) NTV

1. Poseedor de Visión y Valores
Se trata de dirección y compromiso

2. Creador de Colaboración e Innovación
Se trata del ambiente de las relaciones laborales

3. Influyente de Inspiración y Liderazgo
Se trata de conectar con individuos, el corazón de las relaciones

4. Defensor de Diferencias y Comunidad
Se trata de distinción e inclusión

Calibrador de Responsabilidad y Rendición de Cuentas
Se trata de ejecución y rendimiento

5. Verdad Fundamental:
TODO se trata de Él (No se Trata de Mi!

Las 5 Prácticas Legado y Las Habilidades Críticas Para el Éxito

Práctica Legado	Habilidad Crítica Para el Éxito
Poseedor de Visión y Valores™ 1	1. Reforzar constantemente la visión y los valores de Dios para Su pueblo. 2. Modelar intencionalmente los principios y valores de Dios en todo, con todos. 3. Integrar el plan y la visión de Dios en todas las actividades y responsabilidades. 4. Conocer el plan estratégico de Dios (Su Palabra) y alinear todos los planes con los de Él. 5. Ayudar a otros a traducir y alinear las responsabilidades diarias con el propósito de Dios. 6. Tener hitos medibles congruentes con la visión de Dios, y confiar en la guía y corrección del Espíritu Santo. 7. Asegurar que los valores de Dios se integren en todas las actividades. 8. Tener valores personales claros (los valores de Dios); "actuar según lo que se dice" en todo 9. Poner importancia al desarrollo de la fe y el potencial de los demás 10. Comunicar eficazmente el plan y la Palabra de Dios a los demás para lograr Su visión y Sus valores
Creador de Colaboración e Innovación™ 2	1. Con la guía de Dios, crear oportunidades innovadoras para el crecimiento alineadas con Su voluntad. 2. Fomentar un entorno de aprendizaje y confianza para una verdadera colaboración e innovación; lento para juzgar. 3. Escuchar magistralmente lo que se dice y lo que no se dice. Escuchar a Dios primero, luego a los demás. 4. Estar cómodo sin conocer "las respuestas", aprender desde perspectivas individuales, confirmar con la Palabra de Dios. 5. Dibujar diferentes perspectivas, creer que el desacuerdo es una oportunidad de aprendizaje y abordar con humildad, con un verdadero corazón, para alcanzar y tocar a los demás. 6. Tener en cuenta el panorama general mientras se hacen preguntas oportunas difíciles, con amor. 7. Estar abiertos a la innovación, con la guía de Dios, confirmar con la voluntad de Dios. 8. Poner todos los planes ante Dios, buscar Su bendición antes de la acción. 9. Confiar en el Espíritu Santo para guía y discernimiento para hacer cambios; ayudar a otros a hacer lo mismo. 10. Facilitar magistralmente las conversaciones en las que todos contribuyan a pensar mejor en la tarea/objetivo.
Influyente de Inspiración y Liderazgo™ 3	1. Ser experto en desarrollar y mantener relaciones. 2. Utilizar la fe, la actitud positiva y esperanzadora, y la guía del Espíritu Santo para influir en los demás. 3. Elegir modelar la perspectiva positiva en todas las situaciones. 4. Sacar lo mejor de la gente. 5. Reconocer constantemente los atributos y contribuciones de los demás. 6. Buscar intencionalmente oportunidades para fomentar el desarrollo de los demás. 7. Liderar con un enfoque constante en mostrar a los demás en lugar de a uno mismo. 8. A medida que Dios conduce, tener la capacidad y el valor de tomar riesgos e inspirar a otros a seguir. 9. Ser capaz de tomar decisiones difíciles, con Su guía, que tengan un impacto negativo mínimo. 10. Liderar con feroz determinación, pero también con humildad, para lograr el propósito de Dios con los demás. Sólo Dios obtiene la gloria.
Defensor de Diferencias y Comunidad™ 4	1. Ser capaz de tomar una posición para una persona, práctica o causa. Lealtad a Dios primero, luego otros. 2. Aumentar constantemente la visibilidad de los demás alentándolos y disciplinándolos. 3. Ser un defensor de una cultura basada en fortalezas dadas por Dios. 4. Ser capaz de discernir las fortalezas y los dones espirituales en los demás, reconociendo, valorando y utilizando lo mejor que cada uno tiene para ofrecer. 5. Apreciar y respetar a los demás con diversos enfoques y capacidades; creer que estas diferencias pueden hacer que los equipos sean más fuertes. 6.. Buscar oportunidades donde se puedan desarrollar talentos y regalos únicos. 7. Promover la colaboración en otras esferas de influencia en lugar de tener una orientación "silo". 8.. Considerar el impacto de las acciones en la "mayor comunidad". 9.. Fomentar y mantener el diálogo con las comunidades internas y externas. 10. Promover un ambiente inclusivo para unirse hacia el enfoque común, y el propósito de Dios.
Calibrador de Responsabilidad y Rendición de Cuentas™ 5	1. Procurar hacer la voluntad de Dios cada día, y confiar en el Espíritu Santo para "revisar y equilibrar". 2. En continua comunicación con Dios para conocer el "estatus" personal con Él. 3. Ser claro acerca de las responsabilidades personales con Dios y con los demás, calibrar constantemente con él. 4. Requerir lo mejor en todo lo que hace, y también de los demás. Apoyar a otros en la medida de lo posible. 5. Escuchar la guía de Dios y tomar medidas cuando el rendimiento no cumpla con Sus expectativas. Proporcionar retroalimentación divina para los demás. 6. Tener responsabilidades claramente definidas (alineadas con la Palabra de Dios) para sí mismo y para los demás. 7. Someter la voluntad personal a Dios mientras planifica para el futuro. Consultarlo constantemente para verificar puntos de referencia. 8. No procrastinar cuando Dios llama. Responda de inmediato y obedientemente a la corrección del curso. 9. Confiar en el Espíritu Santo para el discernimiento, la guía, la sabiduría, la previsión. Recalibrar los planes mientras Él lidera. 10. Obtenga el compromiso de todas las personas con responsabilidades establecidas y consecuencias y premios apropiados.

...y uno más:

(De "It's Not About Me: The Keys to Sacrificial Service to God"
Por K Heywood. © 2003. Woodinville, WA USA. Utilizado con autorización.)

VERDAD FUNDAMENTAL: ¡No se trata de mi!

1. ¿Está bien con Dios
2. ¿Está bien con otros?
3. ¿Está bien con usted mismo?
4. ¿Está listo para esta posición?
5. ¿Se encuentra bajo la convicción del Espíritu Santo?
6. Y... ¿Está dispuesto a someterse a Dios?

Práctica de Legado 1: Poseedor de *Visión* y Valores™

Visión

Un POSEEDOR "mantiene a la mano" aquellas cosas que son importantes, abrazando y fomentando su recuerdo.

VISIÓN es una visión clara y comprensión de metas, planes e intenciones realizables.

Un Poseedor de Visión Cristiano "mantiene a la mano" las metas, planes e intenciones realizables de Dios, abrazando y fomentando su recuerdo.

No que lo haya alcanzado ya, ni que ya sea perfecto; sino que prosigo, por ver si logro asir aquello para lo cual fui también asido por Cristo Jesús. Hermanos, yo mismo no pretendo haberlo ya alcanzado; pero una cosa hago: olvidando ciertamente lo que queda atrás, y extendiéndome a lo que está delante prosigo a la meta, al premio del supremo llamamiento de Dios en Cristo Jesús.
(Filipenses 3:12-14 NKJV)

La visión se puede definir de muchas maneras. Para el líder cristiano, sin embargo, la visión es, en última instancia, lo que Dios ha ordenado como nuestra meta individual y corporativa : el reencuentro con él. Nuestro destino final después de permanecer en esta tierra es un hogar celestial con nuestro Abba y el Cordero y, mientras tanto, todos los planes se centran en esa visión vital. Idealmente, nuestro propósito, pasión y prioridades están alojados en la visión de Dios para nosotros. La Palabra nos dice que sin una visión el pueblo perece. No hay esperanza, no tiene sentido. Salomón, en su vejez y después de una vida que pasó alejado de Dios en su juventud, se dio cuenta de esto al proclamar en las primeras líneas de su tratado en Eclesiastés "¡Sin sentido, sin sentido, nada tiene sentido!" Salomón tenía todo lo que alguien podía desear, pero era miserable porque su visión no estaba alineada con la de Dios.

Desde la primera hasta la última palabra de las Escrituras, la visión de Dios para nosotros es evidente. Tiene un plan, y nunca vacila. La Biblia está llena de la angustia y la ruina de las personas que no han tenido la visión de Dios. Y del mismo modo, está llena de las alegrías, la realización y la finalización de las personas que han vivido vidas alineadas con el propósito de Dios. Sabemos que el plan de Dios es, a menudo, transversal a la visión, el propósito y las pasiones de este mundo. No siempre es fácil mantener nuestros ojos en El, pero es la única manera de lograr la visión definitiva.

Abraham confió tanto en la visión de Dios que habría dado a su único hijo. Moisés trabajó la visión de Dios de Su pueblo en la tierra prometida. Elías sostenía la visión de Dios cuando desafió a los sacerdotes de Baal a un duelo en el Monte Carmelo. Jeremías lamentó repetidamente que su anuncio de la visión de Dios fuera ignorado una y otra vez, lo que resultaba en la destrucción de Jerusalén. Daniel mantuvo sus ojos en Dios y su propósito mientras estaba en cautiverio en Babilonia. Esdras y Zorobabel se aferraban firmemente a la visión de Dios al reconstruir el Templo destruido por Nabucodonosor. Nehemías recordó a la gente que su visión era la visión de Dios y les motivó y alentó a reconstruir las murallas de la ciudad. Juan el Bautista vivió y finalmente murió por la visión de Dios de que un Mesías sería enviado para liberar al pueblo del cautiverio de este mundo al pecado. Y la visión de Jesús nunca vaciló, ni siquiera al someterse a los horrores de la cruz.

Hasta que no nos lleven a la mansión en construcción en la ciudad celestial, tenemos trabajo que hacer aquí. Dios tiene una visión para todas las personas, y un plan único para cada persona. El liderazgo secular casi no considera el plan o la visión de Dios. Pero el líder cristiano no puede permitirse el lujo de quitar sus ojos de esa visión. Dondequiera que estemos colocados, cualquier obra que tengamos que hacer, todo debe alinearse con la visión y el propósito de Dios. Desde el que draga las calles hasta el CEO corporativo, hasta los presidentes y reyes y primeros ministros, la visión comienza con Dios.

Práctica Legado 1: *Poseedor de **Visión** y Valores*™

ACERCA DEL FORMATO....

El ejemplo de Jesús
Ya no os llamaré siervos, porque el siervo no sabe lo que hace su señor; pero os he llamado amigos, porque todas las cosas que oí de mi Padre, os las he dado a conocer. (Juan 15:15 NIV)

Jesús pronunció estas palabras en Su "discurso de inicio" a Su primera clase graduada de líderes mentores. Durante tres años, estos graduados observaron a su Mentor y Maestro, ya que vivió las 5 Mejores Prácticas. Cada Mejor Práctica presenta ilustraciones simples del liderazgo de Jesús y el modelado de estos comportamientos. Estos son sólo ejemplos de las muchas maneras en que Jesús modeló los caminos y el plan de Dios.

Verdades de las Escrituras
Cada enlistado es simplemente una "muestra" de los innumerables versículos, historias y referencias que se encuentran en la Palabra de Dios. Estos no están destinados a ser un estudio exhaustivo de la Biblia sobre el tema en cuestión. Le sugerimos que añada referencias a las listas a medida que encuentre los diversos pasajes relativos a las Mejores Prácticas en la Palabra de Dios.

El ejemplo de Jesús
Recorría Jesús todas las ciudades y aldeas, enseñando en las sinagogas de ellos, y predicando el evangelio del reino, y sanando toda enfermedad y toda dolencia en el pueblo. Y al ver las multitudes, tuvo compasión de ellas; porque estaban desamparadas y dispersas como ovejas que no tienen pastor. (Mateo 9:35-36 NIV)

A lo largo de los Evangelios leemos que, durante el ministerio terrenal de Jesús, nunca vaciló en Su propósito de estar aquí en forma humana. Vino a predicar las buenas noticias, luego murió y se levantó de entre los muertos, para que fuera una buena noticia. Dondequiera que fuera, hiciera lo que hiciera, Jesús nunca perdió su control sobre su propósito y visión final :llevar a los hombres de vuelta a la comunión correcta con Dios. Lo enseñó, lo demostró por medio de Su compasión y sanación lo enseñó a Sus discípulos... y murió por ello. Incluso cuando el pueblo deseaba convertirlo en su Rey, sabía que ese no era Su propósito, al menos aún no. Finalmente regresaría como Rey, pero Su visión y misión en ese momento era como maestro, sanador y Salvador. Aun cuando Satanás intentó disuadirlo, se mantuvo firme en Su visión: un reencuentro de Dios con su pueblo. Su misión ahora es estar sentado a la derecha de Dios, preparando un lugar para nosotros. Volverá para llevarnos a casa algún día.

Verdades de las Escrituras	
Proverbios 29:18	Las Personas necesitan una visión.
Hebreos 11:24-26	La visión de Dios motiva la acción.
2 Corintios 4:16-18	La visión de Dios estabiliza, y da esperanza.
2 Reyes 6:15-17	La visión de dios muestra la realidad detrásde la realidad.
Marcos 8:31-33	Debemos asegurarnos de que nuestra visión sea la visión de Dios.
Juan 17	La visión de Dios define nuestro propósito, pasión y prioridades.
Efesios 2:11-13	Debemos recorder la visión de Dios en todo momento.
Filipenses 3:12-14	Debe perseguirse la visión de Dios.

Práctica de Legado 1: *Poseedor de Visión y* **Valores**™

Valores

Un POSEEDOR "mantiene a la mano" aquellas cosas que son de importancia, abrazando y fomentando su recuerdo.

LOS VALORES son aquellas cosas que se consideran correctas, valiosas y deseables, la base de los principios y normas rectores.

Un Poseedor de Valores Cristiano "mantiene a la mano" los valores correctos, dignos y deseables de Dios, abrazando y fomentando su memoria, y utilizándolos como principios rectores y normas de comportamiento.

"...El amor sea sin fingimiento, aborreciendo lo malo y adhiriéndose a lo bueno."
(Romanos 12:9 NKJV)

En el mundo en el que vivimos hoy, los valores son vagos y ambiguos, "desechables", por así decirlo. Cada persona define los valores como le conviene. No hay más verdades absolutas. El mundo ha abandonado las normas morales para tomar las individuales. Si es adecuado para usted, entonces es correcto. Pero Dios no ha abandonado los valores ni la verdad absoluta. El ES la verdad, y espera que aquellos que lo siguen vivan con rectitud, con razón, de acuerdo con SUS valores. ¿Qué es la verdad? ¿Qué es bueno? El mundo, tal vez sin saberlo, ha dado forma a lo largo de su historia a sus leyes, instituciones, sistemas y normas morales y de valor pasadas sobre la Palabra de Dios. ¿Cómo sabría la humanidad lo que es correcto, lo que es verdad, lo que es bueno, sin eso? Sin embargo, de alguna manera, Dios ha puesto Su código de normas, Sus valores, en los corazones de Su creación y lo ha reforzado con una colección de escritos de más de 40 personas diferentes en un lapso superior a dos mil años. Este "libro" fue inspirado por Su Espíritu Santo, y diseñado para apuntar -de una manera bellamente diseñada e integrada- a una cosa: Jesucristo. Se trata de vivir bien con la Persona correcta – Dios Mismo – y nuestro futuro final con El.

En un mundo que cree que ahora ha evolucionado más allá de la necesidad de una norma moral o valores de cualquier tipo, Dios nos ha dado directivas claras sobre lo que está bien, lo que está mal, lo que es verdad y lo que es mentira. Nos ha proporcionado el Manual del Propietario definitivo sobre la vida. El líder cristiano encarna los valores de Dios. Vive la vida en base a esos valores, independientemente de su posición o estatura. Los valores de Dios dan forma a la forma en que hacemos negocios, la forma en que nos relacionamos con los demás y la forma en que perseguimos Su visión para nosotros.

Desde la entrega de la Ley sobre el Monte Sinaí, hasta los proverbios, las audaces enseñanzas de los profetas y las palabras de Jesús de vivir bien en Su "sermón en la montaña", (¡y todo lo demás!) Los valores de Dios son claros, y Su desdén por el compromiso es muy evidente. Sabe que todos somos demasiado humanos, sin embargo, y ha proporcionado una gracia y un perdón ilimitados para esos tiempos de fracaso. Pero ese don no significa que ignoremos Sus valores. La Escritura nos dice que somos conocidos por nuestro fruto. Eso significa que el mundo ve algo diferente en nosotros. No debe (¡no debería!) ver el mismo abandono de los valores para la satisfacción personal. Nuestro fruto es la evidencia visible de una vida basada en los valores de Dios. Define todo lo que somos, y todo lo que hacemos.

Daniel, a una edad muy temprana y habiendo sido llevado al cautiverio por una potencia extranjera que destruyó su ciudad y su pueblo, se arriesgó mucho a vivir por los principios de Dios y acatar Sus valores. Los profetas fueron repetidamente ignorados e incluso asesinados

Práctica Legado 1: *Poseedor de Visión y **Valores**™*

porque proclamaron las normas de Dios. Jesús dio Su vida libremente por los valores de Dios. Pablo fue decapitado por ellos.
Todos los discípulos, excepto Juan, fueron martirizados porque vivieron y predicaron las normas y el plan de Dios. No siempre es fácil vivir y mantener los valores de Dios, pero definitivamente vale la pena el riesgo.

Es muy fácil en este mundo de relatividad comprometer los valores de Dios, por la forma en que vivimos nuestras vidas y dirigimos a los demás. En Su carta a las siete iglesias del libro de Apocalipsis, Jesús señaló varias cosas con las que "tenía problema" en sus comportamientos y acciones. Incluso entre los creyentes el compromiso de los valores es demasiado evidente, por lo general con un precio doloroso. Debemos tener una "resolución feroz" para hacer de los caminos de Dios nuestros caminos, en todos los lugares, con cada persona.

El Ejemplo de Jesús

Los fariseos, que eran avaros, oían todas estas cosas y se burlaban de él. Y él les dijo: "Ustedes son los que se justifican a ustedes mismos delante de los hombres. Pero Dios conoce el corazón de ustedes; porque lo que entre los hombres es sublime, delante de Dios es abominación
(Lucas 16:14-15 NIV)

La Biblia está llena de la verdad de que los valores de Dios no son valores del hombre. En Su enseñanza terrenal, Jesús lo afirmó repetidamente. Enseñó un conjunto diferente de valores, un conjunto más allá de las limitaciones de este mundo. Dentro de Su círculo de seguidores, se aseguró de que conocieran y practicaran esos valores: los encarnaba y los sostenía para que todos los vieran. Los valores nunca variaron. Son los mismos de ayer, hoy y mañana, como es Dios mismo. Estos valores se basan en las altas expectativas de Dios para Su pueblo, se comunican claramente a través de la Palabra y son los principios rectores de nuestra vida. Un verdadero cristiano debe ser conocido por, y tener una reputación por estos valores. Estos valores, diferentes de los valores del mundo, nos dan sentido y propósito, y deben ser un modelo y fundamento de nuestra autenticidad.

Verdades de las Escrituras	
Salmos 15	Los valores de Dios motivan el comportamiento correcto.
Éxodo 20, Mateo 5	Dios ha declarado claramente Sus valores para nosotros.
Salmo 101:3-8	La integridad es un trabajo duro.
Pedro 3:1-2	Vivir por los valores de Dios es un testimonio a los demás.
Romanos 12:21	Podemos vencer el mal con el bien.
Salmo 78:72	Todos los líderes deben tener integridad.
Salmo 52:7, Isaías 5:20, Haggai 1:2-3	A menudo tenemos valores equivocados.
Filipenses 3:12-14	La visión de Dios debe ser buscada.
Salmos 18:25	Dios muestra Su integridad a los que viven con integridad.
Proverbios 20:6	Los "Dioses" son conocidos por los valores que viven.
Proverbios 25:9	Una mala reputación te sigue.

Práctica Legado 2: *Creador of **Colaboración** e Innovación*™

> ## *Colaboración*
>
> **Un CREADOR es aquel que hace que algo "llegue a ser" a través de medios originales o inventivos.**
>
> **LA COLABORACIÓN es el proceso de trabajar juntos para lograr objetivos comunes en lugar de cubrir nuestra agenda personal.**
>
> *Un Creador Cristiano de Colaboración utiliza formas originales e inventivas de desarrollar o brindar la oportunidad para que las personas trabajen juntas para lograr sus objetivos comunes en lugar de cubrir agendas personales. individuales.*

Mejor dos que uno solo, pues tienen mejor recompensa por su trabajo. Porque si caen, el uno levantará a su compañero. Pero, ¡ay del que cae cuando no hay otro que lo levante! También si dos duermen juntos se abrigarán mutuamente. Pero, ¿cómo se abrigará uno solo? Y si uno es atacado por alguien, si son dos, prevalecerán contra él. Y un cordel triple no se rompe tan pronto.
(Ecclesiastés 4:9-12 NLT)

La Palabra de Dios nos dice que estamos hechos a imagen de Dios. Muchas personas malinterpretan que ese versículo significa que "nos parecemos" a Él. En realidad, implica que estamos hechos con atributos y naturaleza similares. Dios es el creador divino, y podemos confiar en que nosotros también hemos sido hechos con instintos creativos. Esto no sugiere inmediatamente que todos somos artistas y músicos talentosos, o cualquier otro "tipo creativo" que normalmente vinculamos con el uso de esta palabra. Significa que somos capaces de utilizar nuestra creatividad dada por Dios para resolver problemas, desarrollar oportunidades de asociación potencial y productiva, y generalmente pensar fuera de las normas, siendo constructivamente creativos.

El viejo rey Salomón, aunque había lamentado una vida lejos de Dios, aprendió una serie de lecciones de vida. Los versículos anteriores son clásicos y reflejan una verdad de la dinámica humana. La última parte de este pasaje, sin embargo, indican un tercero, o más de dos juntos. Podemos interpretar esto en el sentido de que tres son incluso mejores que dos, pero en la economía de Dios este versículo está destinado a indicar que dos trabajando juntos con Dios, hacen un vínculo y producen una asociación que es extremadamente difícil de romper. El mensaje de esta Palabra es simple: la colaboración hace que cualquier trabajo sea más productivo y gratificante. Esta verdad funciona ya sea aplicada en la comunidad cristiana, o con colaboraciones seculares.. Los humanos producen más cuando trabajan juntos. El líder cristiano que se alinea con Dios, y luego se asocia con los demás, verá una recompensa aún mayor.

En este modelo de liderazgo, y en la Palabra de Dios, es responsabilidad inherente del líder cristiano buscar, y tal vez incluso crear, las oportunidades para esa colaboración productiva. Cuando estemos en la voluntad de Dios, y poniendo todos nuestros planes en Sus manos, nos guiará hacia estas experiencias creativas. Hay innumerables referencias en las Escrituras al pueblo de Dios que trabaja junto, unido en propósito, para lograr Su voluntad.

Cuando los israelitas fueron liberados de la esclavitud en Egipto, Dios los llevó al desierto para entrenarlos y enseñarles a ser Su pueblo. Les instruyó que construyeran un Tabernáculo con instrucciones muy específicas. Moisés confió en Dios para ayudarle a crear oportunidades para utilizar los diversos dones y talentos de las personas mientras trabajaban juntos para construir esta estructura elaborada. Nehemías animó a los judíos desanimados a unirse y trabajar unidos en sus esfuerzos por reconstruir los muros de Jerusalén después de su regreso del cautiverio en Babilonia. Sin las habilidades de liderazgo intuitivas creativas de Nehemías, dadas por Dios, esta tarea habría sido imposible, ya que cada persona y familia estaban más

Práctica Legado 2: *Creador of **Colaboración** e Innovación*™

preocupadas por su propia seguridad y bienestar, que el de la comunidad en su conjunto. Jesús enseñó y preparó a los discípulos para que salieran juntos a hacer Su obra de ministerio. A lo largo del Nuevo Testamento se alienta a los creyentes a trabajar como un todo unificado hacia el plan de Dios.

La colaboración no ocurre sola. Requiere la creación de procesos originales e inventivos mediante los cuales dos o más personas puedan unirse para lograr objetivos comunes, dentro o fuera de la familia cristiana. Cuando el líder creyente tiene una tarea que cumplir, su primer paso es orar y buscar la influencia y la guía creativa de Dios. Si la meta está en la voluntad de Dios, el brindará la oportunidad de cumplirla. Se deleita al escuchar las peticiones de Su pueblo, más en verlos trabajar juntos y aún más en mostrarles Su fidelidad y a menudo medios creativos para responder a nuestras oraciones y ayudarnos a cumplir Su voluntad. Este principio es cierto en el hogar, el vecindario, la iglesia, el campo misional o el lugar de trabajo.

El Ejemplo de Jesús

Había allí seis tinajas de piedra para agua, de acuerdo con los ritos de los judíos para la purificación. En cada una de ellas cabían de cuarenta a setenta y cuatro litros. Jesús les dijo: Llenen de agua las tinajas. Y las llenaron hasta el borde. Luego les dijo: Saquen ahora y llévenlo al encargado del banquete. Se lo llevaron". (Juan 2:6-8 NIV)

En la fiesta de bodas en Caná, Jesús podría literalmente haber tronado los dedos y el vino habría aparecido, incluso en las mismas copas que tenían los invitados. Podría simplemente haber dicho Sus sanaciones y hacerlas realidad, sin depender a veces de la participación de Sus discípulos en formación. En su lugar, permitió la participación en la realización de la meta final. A veces trabajaba uno a uno, a veces con sólo unos pocos, y a veces con muchos. Hizo que los sirvientes llenaran las jarras con agua y la sumergiera para el anfitrión de la boda. Hizo que los discípulos posaran sus propias manos sobre los enfermos y sanaran al lado de Jesús. Hizo que los discípulos distribuyesen el pan y el pescado milagrosos a la enorme multitud reunida. No tenía que hacerlo de esa manera. Jesús no sólo modelaba los comportamientos que esperaba de Sus discípulos, y los entrenó para un ministerio con propósito, sino que estaba creando un ambiente colaborativo donde todos trabajaban juntos para lograr la meta. Sus discípulos no lo sabían en ese momento, pero continuarían con la obra de su Maestro, cuando Su trabajo se hubiese completado y regresara a casa. Esta fue una formación vital para el enorme esfuerzo de "equipo" que pronto sería su llamada de vida. Jesús estaba viviendo un legado terrenal en cada uno de estos momentos. La colaboración creativa se convertiría en el medio por el cual se avanzaba el plan de Dios para la humanidad.

Verdades de las Escrituras	
Proverbios 15:31-32	Las diferentes perspectivas son oportunidades de aprendizaje.
Actos 17:11	Estar abierto a nuevas ideas, pero comprobar todo con Dios.
James 1:19	La colaboración implica escuchar más que hablar.
Éxodo 17:10-13	La colaboración creativa puede producir resultados sorprendentes.
Mateo 18:19-20	Dios está en medio de colaboradores creyentes.
Romanos 14:1-4	Un entorno sin juicios fomenta la colaboración.
Colosenses 3	La paz y el amor genuino son señas de identidad de la colaboración real.

Práctica Legado 2: *Creador of Colaboración e **Innovación*** ™

Innovación

Un CREADOR es aquel que hace que algo "llegue a ser" a través de medios originales o inventivos.

LA INNOVACIÓN es la introducción de algo nuevo y diferente al proceso de consecución de objetivos.

Un Creador Cristiano de Innovación utiliza formas originales e inventivas para desarrollar o brindar oportunidades para la introducción de algo nuevo y diferente para alcanzar metas, confiando en los caminos de Dios, no en los del mundo.

Entonces el Señor se volvió hacia él y le dijo: "Ve en este poder tuyo, y salvarás a Israel de la mano de los madianitas. ¿No te he enviado?" ... Entonces le dijo: "Oh, mi Señor, ¿cómo puedo salvar a Israel? De hecho, mi clan es el más débil de Manasés, y yo soy el último en la casa de mi padre". Y el Señor le dijo: "Ciertamente estaré con ustedes, y derrotaréis a los madianitas como un solo hombre... Entonces todos los madianitas y amalecitas, el pueblo de Oriente, se reunieron; y cruzaron y acamparon en el Valle de Jezreel. ....Y el Señor le dijo a Gedeón: "El pueblo que está contigo es demasiado para mí para dar a los madianitas en sus manos, <u>no sea que Israel reclame gloria por sí mismo contra Mí</u>, diciendo: 'Mi propia mano me ha salvado'...Ahora, por lo tanto, proclamen en la audiencia del pueblo diciendo: 'Quien tenga miedo, que se gire y se vaya de inmediato del monte Galanifilo'. "Y veintidós mil regresaron, y diez mil permanecieron... Pero el Señor le dijo a Gedeón: "El pueblo sigue siendo demasiado... Entonces el Señor le dijo a Gedeón: "Por los trescientos hombres... Te salvaré y entregaré a los madianitas en tu mano. Deja ir a todas las demás personas... Y envió a todo el resto de Israel... y retuvo a esos trescientos hombres. Ahora el campamento de Midian estaba por debajo de él en el valle...Sucedió la misma noche en que el Señor le dijo: "Levántate, baja contra el campamento, porque lo he entregado en tu mano"...... Los madianitas y los amalecitas, toda la gente del Este, estaban tirados en el valle, tan numerosos como langostas; y sus camellos eran incontables, como la arena a la orilla del mar, en multitud. ... El (Gedeón) regresó al campamento de Israel y dijo: "Levántate, porque Jehová ha entregado el campamento de Madián en tu mano." Luego dividió a los trescientos hombres en tres compañías, y puso una trompeta en la mano de cada hombre, con jarras vacías y antorchas dentro de las jarras. Y les dijo: "Miradme y haced lo mismo; observen, y cuando llegue al borde del campo harán lo que hago: "Cuando toque la trompeta, yo y todos los que estan conmigo, también tocaran las trompetas a cada lado de todo el campamento, y dirán: ¡La espada del Señor y de Gedeón! " ... Así que Gedeón y los cien hombres que estaban con él llegaron al puesto avanzado del campamento al principio de la guardia central, tal como habían visualizado; y tocaron las trompetas y rompieron las jarras que estaban en sus manos. Entonces las tres compañías tocaron las trompetas y rompieron las jarras —sostenían las antorchas en sus manos izquierdas y las trompetas en sus manos derechas para tocar— y gritaron: ¡La espada del Señor y de Gedeón!" Y cada hombre estaba en su lugar, alrededor del campamento; y todo el ejército corrió y gritó y huyó. Cuando los trescientos tocaron las trompetas, el Señor puso la espada de cada hombres contra su compañero en todo el campamento; y el ejército huyó... (fragmentos de Jueces 6 y 7 NKJV)

(Este es un pasaje condensado de las Escrituras que cuenta la historia de una batalla muy innovadora. Gedeón y los israelitas se enfrentaban a cientos de miles de enemigos. Eran "como langostas" – innumerables. Pero Dios derrotó a los madianitas de una manera muy innovadora, usando sólo 300 hombres. Gedeón tenía miedo, pero confió en Dios y llevó a sus hombres a la batalla más inusual de su vida. Se alcanzó un objetivo imposible.)

Salomón dijo que no había nada nuevo bajo el sol. Pero este era un anciano amargado que no encontró ninguna realización en los caminos del mundo. No confiaba en el Gran Innovador. De alguna manera, Salomón tenía razón. Todo lo que hoy llamamos "nuevo" no es más que volver a empaquetar, editar o re escribir. La verdadera innovación no proviene del hombre, sino de Aquel que inventó la innovación. Podríamos tener algunas "buenas ideas" y alcanzar algún nivel de pensamiento innovador que el mundo celebrará como nuevo y emocionante, pero crear algo verdaderamente nuevo requiere intervención divina e inspiración. A Dios le encanta asombrarnos con Sus respuestas innovadoras a los dilemas. Esto es especialmente cierto si estamos tratando de lograr metas que Él ha puesto ante nosotros. Pero Dios también está más que feliz de ayudar al creyente de los negocios que lo espera para alcanzar metas que son parte de las actividades relacionadas con el trabajo del cristiano a través de Sus medios innovadores. Cuando debemos alcanzar metas o alcanzar resultados en alguna área, a menudo se convierte en una aventura emocionante y divertida para el cristiano el poner la necesidad en las manos de Dios y hacerse a un lado para verlo trabajar.

Debido a que encarnamos muchas de las cualidades de Dios, habiendo sido hechos a Su imagen, tenemos la capacidad de innovar – hasta cierto punto. Esta habilidad se magnifica y se multiplica cuando se coloca en las manos de Dios, y se le da nuestro permiso para actuar y

Práctica Legado 2: *Creador de Colaboración e Inovación*™

dirigir. Entonces se convierte en una cuestión de seguir Su ejemplo, en un nuevo territorio, utilizando nuevos métodos y procesos. Somos los recipientes y las herramientas, pero la verdadera innovación y el poder real son suyos. La innovación es a menudo sólo la capacidad de permanecer abierto al pensamiento de nuevas maneras para nosotros, o para nuestra organización. Es recordar que, si bien podemos estar limitados en nuestro entendimiento, o nuestros conceptos de cómo las cosas deben o hacer el trabajo, Dios no lo está.

Cuando los israelitas finalmente llegaron al final de sus 40 años de experiencia en el desierto, acamparon en las llanuras de Moab, esperando a que Dios les mostrara qué hacer a continuación. Por delante de ellos estaba la Tierra Prometida, pero antes de que pudieran pensar en residir allí, tenían que lidiar con las personas que ya reclamaban esa zona como hogar. Mientras miraban hacia adelante en la gran bulliciosa ciudad amurallada de Jericó, no sabían qué hacer. Josué reunió sus mentes militares más brillantes para planear. Pero toda su planificación innovadora nunca podría haber producido una estrategia o resultado tan grande como el de Dios. Josué buscó la guía de Dios, y Dios le dio un plan que parecía escandaloso, completamente fuera de la norma. Los comandantes de Joshua deben haberse rascado la cabeza al escucharla, pero, confiando en las habilidades de Dios y no en las suyas, el pueblo cruzó el río Jordán, se acercó a Jericó y siguió las instrucciones precisas de Dios. Sin levantar una lanza, la gente vio caer los poderosos muros de Jericó. Muchos de ellos pueden haber pensado: "¡Bueno, eso fue ciertamente innovador!" A Dios le encanta trabajar de maneras misteriosas y sorprendentes, y usarnos en el proceso.

Tal vez la mejor manera de ser innovadores es nunca poner a Dios bajo restricción o limitar Su obra en nuestras vidas, nuestros negocios, nuestras familias, y esperar siempre que Él trabaje innovadoramente a través de nosotros. Nuestra capacidad de innovar creativamente es dada por Dios e inspirada por Dios. Debemos tener una actitud expectante acerca de la obra de Dios, y una confianza segura en que no hay meta que no puede alcanzar, ningún pico que no puede escalar, ninguna respuesta que no pueda proporcionar y que si ponemos las metas, necesidades y deseos en Sus manos observaremos la innovación que está más allá de la es el mundo. ¡Incluso nos permite ayudar!

Liderazgo Legado proporciona algunas competencias y habilidades funcionales para ayudar al proceso innovador, pero la mayor competencia para la innovación es la puesta práctica de metas en las manos de Dios.

El Ejemplo de Jesús

> ***Dicho esto, escupió en tierra, hizo lodo con la saliva y con el lodo untó los ojos del ciego. 7 Y le dijo: Ve, lávate en el estanque de Siloé (que significa enviado). Por tanto fue, se lavó y regresó viendo.*** (Juan 9: 6-7 NIV)

Jesús no hacía cosas como los demás. Era un verdadero innovador. Cuando hablaba a las multitudes, se maravillaban de Su nuevo estilo de enseñanza. Cuando les dijo que amaran a sus enemigos, ¡se asombraron! Cuando hizo barro con saliva y suciedad, la gente se rascó la cabeza. Pero los resultados hablan por sí solos, un legado de personas que aprendieron a imitar a su líder amando a sus enemigos mortales, y al hacerlo, confundiéndolos y cambiándolos. Jesús usó el barro para hacer ver a un ciego. Más allá de las implicaciones espirituales de Sus milagros y Sus enseñanzas, Jesús creó un modelo de pensamiento más allá de lo obvio, de hacer cosas notables con lo que estaba a mano, y aprovechar oportunidades con soluciones creativas.

(Verdades de las Escrituras en la siguiente página...)

Práctica Legado 2: Creador de Colaboración e *Innovación*™

(Continuación...)

Verdades de las Escrituras	
Job 37:5, Isaías 45:15, Ecclesiastés 11:5, Romanos 11:33	Dios obra más allá de nuestro entendimiento.
Proverbioss 3:6	Dios nos dirigirá si Le pedimos.
Éxodo 17:1	El desacuerdo es una oportunidad para un gran aprendizaje.
Revelación 21:5	Sólo Dios puede hacer nuevas las cosas viejas.
Lucas 5:17-20	Dios da a la humanidad, la capacidad de innovar para lograr Su propósito.
1 Corintios 2:16	Tenemos la mente del Gran Innovador (¡Cristo!)
1 Reyes 3:16-20	La sabiduría divina es el comienzo de la innovación.
Lucas 1:37	Lo que parece imposible es posible para Dios.
1 Samuel 17	La confianza en Dios, no en uno mismo, allana el camino para la verdadera innovación.
Jueces 7:2	¡Sólo Dios obtiene la gloria!

Práctica Legado 3: Influyente de *Inspiración* y Liderazgo ™

Inspiración

Un INFLUYENTE es aquel que produce un efecto deseado en los demás, por medios directos o indirectos.

INSPIRACIÓN es el proceso de animar, motivar o alentar a otros a alcanzar nuevos niveles de logro.

Un Influyente Cristiano de Inspiración produce un efecto deseado en los demás al animarlos, motivarlos o alentarlos a alcanzar nuevos niveles de logro. Este Influyente Cristiano se inspira por primera vez en el Autor de la Inspiración – el Espíritu Santo.

Pero cuando venga el Espíritu de verdad, él os guiará a toda la verdad; porque no hablará por su propia cuenta, sino que hablará todo lo que oyere, y os hará saber las cosas que habrán de venir. El me glorificará; porque tomará de lo mío, y os lo hará saber. Todo lo que tiene el Padre es mío; por eso dije que tomará de lo mío, y os lo hará saber. (Juan 16:13-15 NCV)

Por lo cual, animaos unos a otros, y edificaos unos a otros, así como lo hacéis.
(1 Tesalonicenses 5:11 NLT)

No parece haber muchas cosas "inspiradoras" en el mundo en el que vivimos hoy. El diario y las noticias de la noche suelen servir para ponernos en un estado de depresión, o al menos, apatía. Si bien ese es el caso de la mayoría del mundo incrédulo, ciertamente no es, y no debería, ser el caso de los cristianos. La inspiración se puede definir como el proceso de inculcar esperanza y razón de ser y hacer. Ya lo hemos visto, sin una visión, las personas perecen.

Práctica Legado 3: *Influyente de Inspiración y Liderazgo* ™

Lo mismo es cierto para la esperanza. Sin esperanza, la gente muere por dentro. Ya no tienen razones para actuar, tener éxito o inclusive vivir. Los creyentes tienen una esperanza que nos sostiene y nos mantiene vivos. Sabemos que hay más de lo que ofrece este mundo.

En el pasaje de 2 Timoteo 3:16, Pablo nos dice que la Palabra está "inspirada" por Dios. Este es el único lugar en el Nuevo Testamento que se utiliza esta palabra. En el griego original, es *theopneustos*, que significa literalmente "respirado por Dios." La verdadera inspiración es algo o alguien que ha tenido el aliento mismo de Dios para darle vida. Es apropiado que esta palabra se use aquí para describir las Escrituras. Es enfático, y el pueblo de Dios necesita saber que Su Palabra es en verdad la guía inspirada e infalible para todos los hombres, y que es completamente confiable, tal como la dio Dios. El propósito principal de Su Palabra es llevar a todas las personas a una relación personal con Él como Salvador. Pero todo lo que se enseña en la Biblia, sobre cualquier tema, es vital para que primero el creyente viva una vida cristiana completa y, en segundo lugar, para transmitir la inspiración a los demás.

Dios guio las plumas de los escritores de las Escrituras del mismo modo que guía los pensamientos, las palabras y las acciones de Su pueblo hoy en día. Y, así como somos capaces de tener un tipo de creatividad, ya que estamos hechos a imagen de Dios Todopoderoso, el Creador Supremo, también somos capaces de proporcionar inspiración para los demás, ya que Dios es la fuente de verdadera inspiración. Es capaz de guiarnos mientras inspiramos a los demás. Si creemos que lo que está contenido en la Biblia es verdadero, debemos procurar fielmente vivir de acuerdo con sus verdades, instrucciones y guía en todas nuestras relaciones. Y uno de los temas más destacados en ambos testamentos es primero el amor a Dios, y luego el amor por nuestros vecinos. Si no amamos a nuestros vecinos, o les mostramos este amor, nuestra defensa de las Escrituras y nuestra inspiración, se convertirán en el "platillo resonante de gong" (en otras palabras, ¡sólo un montón de ruido!) como Pablo citó en 1 Corintios 13:1 (NIV). No hay inspiración en eso.

Este tipo de influencia de inspiración es quizás el primero y más importante para el creyente. Es inspirar a los demás a conocer a Dios. Lo hacemos mejor modelando los principios de Dios y asegurándonos de que nuestra vida lo refleje. En el modelo de negocio original, la influencia de la inspiración estaba destinada a proporcionar aliento y motivación para que otros "capturaran la visión" o se animaran a alcanzar los niveles de logro deseados. Los creyentes son capaces de inspirar a los demás sólo cuando se inspiran por primera vez. Y nuestra mejor y última fuente de inspiración es el Espíritu Santo que reside en nosotros. Primero ponemos todas las necesidades en Sus manos, luego esperamos a que la llamada a la acción y las palabras hablen. Esta inspiración puede ser para personas y necesidades específicas, o puede ser una habilidad de por vida para modelar una vida inspiradora para los demás. La inspiración no significa necesariamente la motivación para escalar los picos más altos y escalar enormes obstáculos. Puede ser la paz y la alegría cotidianas que la vida de un creyente debe modelar, lo que inevitablemente atrae al incrédulo a la verdadera Fuente de esa paz, la Fuente de las Aguas Vivientes para un mundo sediento.

En nuestras vidas y relaciones profesionales o personales diarias, hay ciertas habilidades, competencias y comportamientos que podemos aprender para ayudarnos a inspirar a los demás, ya sea a ser o hacer ciertas cosas. Es lo mismo para esta Práctica Recomendada, y esas competencias se enumeran bajo las Habilidades de Éxito Crítico en esta Mejor Práctica.

Sin embargo, para el creyente, la última forma de inspiración que proporcionamos a los demás está en la vida consistente y sin fisuras que modela los caminos y el carácter de Dios. **NO podemos influir**. Todo lo que hacemos influye en los demás. Tiene sentido, entonces, que tomemos una decisión consciente de influir en la inspiración de los demás al inspirarnos en Aquel que es el Inspirador Divino, y pidiendo Su inspiración para fluir a través de nosotros a los demás. Dios cuenta con eso.

Práctica Legado 3: *Influyente de **Inspiración** y Liderazgo*™

(Continuación...)

El Ejemplo de Jesús

A estos doce envió Jesús, y les dio instrucciones, diciendo Y yendo, predicad, diciendo: El reino de los cielos se ha acercado. Sanad enfermos, limpiad leprosos, resucitad muertos, echad fuera demonios; de gracia recibisteis, dad de gracia. (Mateo 10:5, 7-8 NIV)

Jesús marcó una meta muy alta. Esta banda desigual de discípulos iba a hacer algo más que predicar. Fueron inspirados a hacer lo mismo que Jesús: sanar a los enfermos, resucitar a los muertos y ahuyentar demonios. Lo más probable es que más de una vez durante sus entrenamientos prácticos de tres años sus ojos se hayan salido de sus órbitas y se haya formado un nudo en su garganta ante este pensamiento. Jesús influyó en su pensamiento al comunicar Sus expectativas.

Lo conocían lo suficiente como para que nunca esperara algo que no pudiera lograrse. Ya les había mostrado lo que había que hacer, y cómo hacerlo; Los animaba a salir y "¡simplemente hacerlo!" Fueron influenciados por la inspiración del Espíritu Santo, el Espíritu de Jesús mismo, incitándolos, guiándolos y animándolos a "ser todo lo que pudieran ser". Este estímulo no era sólo para la satisfacción de la excelencia personal, sino para la misión corporativa de llevar a todos a un conocimiento salvador de Dios y de Su Hijo. Jesús era un apasionado de Su obra, totalmente dedicado a ese propósito. Los discípulos estuvieron inspirados a ser y hacer lo mismo.

Verdades de las Escrituras	
Ezequiel 13:3	Debemos tener cuidado de no seguir nuestra "propia" inspiración.
Lucas 12:11-12	Dios nos dará lo que tenemos que decir, si lo estamos escuchando.
Juan 11:51	Dios inspira al hombre a decir y hacer lo que está en Su voluntad, incluso los incrédulos en ciertas ocasiones.
Salmos 138:3	Dios proporciona la fuerza y el aliento (inspiración) que necesitamos.
2 Corintios 13:11	Dios espera que alentemos e inspiremos a los demás.
Tito 1:9	Los obreros de Dios DEBEN tener la capacidad de alentar a los demás.
Salmos 3:3	Dios es la única fuente de esperanza real.
Santiago 1:27	Debemos mantenernos libres de influencias mundanas, a fin de no influir injustamente en los demás.
Proverbios 11:10	La buena influencia de los creyentes puede hacer que otros prosperen.
Colosenses 3:14	El amor es lo que mantiene unida a las personas, y es el mayor influyente.

NOTAS

(Un espacio para sus pensamientos personales acerca de lo que ha leído hasta ahora, y cómo considera aplicarlo a su propia familia y liderazgo, o para sus clientes, etc.)

Práctica Legado 3: *Influyente de Inspiración y **Liderazgo**™*

> ## *Liderazgo*
> **Un INFLUYENTE es aquel que produce un efecto deseado en los demás, por medios directos o indirectos.**
>
> **Liderazgo es el proceso de guiar y dirigir a los demás al éxito compartido.**
>
> *Un Influyente Cristiano de Liderazgo da forma e influye en el potencial de liderazgo de los demás guiándolos y dirigiéndolos al éxito compartido. El liderazgo final para el Creyente es guiar a los demás a los pies de Jesús, y así enseñarles a hacer lo mismo.*

Palabra fiel y digna de ser recibida por todos: que Cristo Jesús vino al mundo para salvar a los pecadores, de los cuales yo soy el primero. Pero por esto fui recibido a misericordia, para que Jesucristo mostrase en mí el primero toda su clemencia, para ejemplo de los que habrían de creer en él para vida eterna
(1 Timoteo 1:15-16 NLT)

El objetivo del liderazgo es hacer que otros lo sigan. El objetivo final del liderazgo cristiano es que los demás nos sigan para encontrar a Jesús. A veces eso se hace con palabras, pero la mayoría de las veces es con el ejemplo. Y los líderes cristianos desarrollan otros líderes con el ejemplo.

Moisés era un humilde pastor cuando se reunió con Dios en un arbusto ardiente. Sí, había sido criado como príncipe de Egipto, pero esa no era su verdadera identidad. Dios lo había ordenado para ser el gran liberador de su pueblo de la esclavitud, pero Moisés no estaba muy seguro de eso. Discutió con Dios; le recordó a Dios que no podía hablar muy bien y que debía enviar a otra persona. No, Dios quería a Moisés, un hombre que ya había sido "quebrantado". Un hombre que podía escuchar y obedecer, incluso en las situaciones más extrañas. Moisés no era un líder nato, pero fue el único que Dios usó para sacar a millones de israelitas de la esclavitud de Egipto. Podríamos enumerar los defectos de este hombre, incluyendo la necesidad de que su suegro Jethro le enseñara acerca de la delegación, y cómo manejar las quejas y los asuntos diarios de esa gente acampada en el desierto durante cuarenta años. Pero sería difícil encontrar un mejor ejemplo de gran liderazgo que Moisés. ¿por qué? No por ninguna habilidad, o regalos naturales. Sólo porque Moisés puso todo lo que hizo ante Dios, y confió en Su fuerza y liderazgo, no en los suyos. La fuerza del liderazgo de Moisés fue su obediencia, incluso cuando lo que se le pidió que hiciera era aparentemente muy extraño, como recoger una serpiente y transformarla en su vara de fuerza, o sostener esa vara sobre aguas recias y hacer que se separaran para que los asustados israelitas pudieran cruzar.

En los cuarenta años que dirigió al pueblo de Dios, Moisés tuvo sus días buenos y días malos, como cualquier líder. Incluso perdió los estribos, una respuesta muy natural cuando usted está liderando toda una comunidad de gente refunfuñada y rebelde. Fue durante uno de esos días que hizo algo que le impidió entrar en la Tierra Prometida. Los llevó a las llanuras de Moab, pero Dios no le permitió entrar, cruzar el río Jordán, debido a un momento de desobediencia. Eso debe haber sido desgarrador para Moisés, pero de alguna manera creo que sabía que la conducta de Dios era justificada, como siempre lo es.

La Biblia está cargada de ejemplos de liderazgo ejemplar. Las personas comunes hacen cosas extraordinarias, llegando a ser grandes sólo por su asociación con Dios. Podemos leer de personas como Abraham, José, Gedeón, Deborah (¡sí, mujeres, también!) Daniel, Jeremías, Esdras, Nehemías y Ester en el Antiguo Testamento. Todos estos fueron utilizados por Dios para dirigir y mostrar al pueblo de Dios Sus caminos, y su liberación. Todos se enfrentaron a desafíos, y todos tuvieron éxito en las tareas que se les dieron – algunos antes que otros. Pero hay una

Práctica Legado 3: *Influyente de Inspiración y **Liderazgo**™*

característica acerca de Moisés que lo convierte en el mejor ejemplo para esta mejor práctica: influir e inspirar a los OTROS a convertirse también en grandes líderes. Se trata de mostrarles, con un ejemplo personal, el camino hacia un liderazgo efectivo. Se trata de dar forma al potencial de liderazgo futuro de una nueva generación de líderes.

Dios no permitió que Moisés entrara en la tierra que había prometido a Su pueblo. Moisés entregó sus mensajes de despedida a toda una nueva generación de israelitas nacidos y criados en el desierto durante esos cuarenta años. Millones de estos judíos de nueva generación acamparon en las orillas del Jordán, frente a la enorme y premonitoria ciudad amurallada de Jericó. Pero Moisés pronto moriría. ¿Y ahora qué? ¿Quién los llevaría a la tierra? Dios tenía un plan. Siempre lo tiene. Alguien había estado prestando mucha atención a Moisés y cómo había dirigido esta banda de israelitas durante los últimos años. Alguien captó la visión, y fue influenciado por la obediencia de Moisés y la confianza en Dios para su fortaleza. Alguien fue guiado y aprendió de Moisés. Alguien estaba listo para convertirse en el nuevo líder de esta nueva nación. Alguien más llevaría audazmente a la gente a través del río Jordán a rodear la ciudad de Jericó, siguiendo cuidadosamente las instrucciones específicas de Dios, aunque bastante inusuales. Alguien había visto a Moisés hacer esto una y otra vez, y prestó atención cuidadosamente.

Josué salió de Egipto cuando era joven, y había presenciado y recordado el liderazgo de Moisés en los buenos y en los malos momentos. El modelo de liderazgo de Moisés inspiró e influyó en Josué durante todos esos años. Sabía de la plena confianza de Moisés en Dios, no de su propia fuerza. Sabía de la obediencia de Moisés, pasara lo que pasara. Sabía de las victorias y las derrotas. Observó y creció como un líder bajo la tutela de Moisés. Y estaba listo cuando comenzó el gran espectáculo. Moisés no pudo presenciar la increíble victoria sobre Jericó y la primera invasión a la tierra de Canaán. Pero fue debido al liderazgo de Moisés, y su confianza en Dios primero, lo que dio forma e influyó en el exitoso liderazgo de Josué, uno de los líderes más grandes de Israel.

Si bajamos por la lista de 10 habilidades de éxito crítico para esta mejor práctica, Moisés las vivió todas. Tenía que hacerlo. Pero tal vez su mayor contribución como líder fue en la fiel dependencia de Dios y el modelo de espera del liderazgo divino que le permitió servir como mentor del próximo líder del pueblo de Dios. La gente mira a los líderes. Registran cuidadosamente cada palabra, cada acto, cada resultado. Si todo lo que ven es un líder apoyándose en su propia fuerza, no quedarán muy impresionados. Sí, hay algunos buenos líderes no creyentes ahí fuera. Pero sin Dios, los seres humanos no tienen la capacidad de ser verdaderamente grandes, y son mucho menos propensos a influir e inspirar el potencial de liderazgo en los demás. Cuando el líder cristiano pone la responsabilidad del liderazgo en las manos de Dios, y realmente espera la dirección de Dios, ESO se convierte en el modelo para la grandeza que otros pueden seguir. El liderazgo de Moisés y Josué no se trataba de ellos; todo se trataba de Dios, y Su plan perfecto.

Práctica Legado 3: *Influyente de Inspiración y* **_Liderazgo_**™

(Continuación...)

El Ejemplo de Jesús

> *Y les decía una parábola: ¿Acaso puede un ciego guiar a otro ciego? ¿No caerán ambos en el hoyo? El discípulo no es superior a su maestro; mas todo el que fuere perfeccionado, será como su maestro".* (Lucas 6:39-40 NIV)

Los Evangelios están llenos del desarrollo de liderazgo y capacitación que Jesús proporcionó a Sus discípulos. Como aprendices, trabajaron con él a diario, fueron instruidos por El y observaron Su modelo de liderazgo, uno con un propósito muy definido en mente: guiar a los demás de vuelta a Él. Si bien los métodos pueden haber variado, el propósito nunca lo hizo. El enfoque era claro. Tenía que serlo. Pronto estos líderes aprendices estarían encargados de lo que podría haber sido la abrumadora responsabilidad de llevar a un mundo perdido a la fuente de la salvación. Sin su intensa capacitación de liderazgo, la incipiente fe cristiana habría muerto con su generación. Aunque cada uno tuviera diferentes dones y talentos, TODOS tendrían que ser líderes, y la única manera en que sabrían cómo hacerlo era mediante el modelado cuidadoso y paciente del Líder de Líderes. Jesús vivió este legado de liderazgo para que lo vieran todos los días, y les dijo que él era "el libro" sobre el liderazgo. Si vivían mañana lo que habían visto hoy, se convertirían en los líderes que se pretendían ser.

Verdades de las Escrituras	
Isaías 32:8	Un buen líder planea hacer el bien. Tiene una estrategia de bien.
Actos 5:31	Jesús es el mayor ejemplo de liderazgo, el mejor del cual aprender.
Jueces 5:2	Cuando un líder confía en Dios y modela Su carácter, la gente con mucho gusto lo sigue.
Ester	A menudo un gran liderazgo exige un gran valor.
Romanos 12:8 **Mateo 28:18-20**	El "liderazgo" es un don espiritual, y algunos están dotados en esta área, pero todos los cristianos son líderes e influyentes.
Nehemías	Un gran líder recuerda a Dios siempre, en todas las cosas.
Éxodo 18:13-26	Un liderazgo efectivo exige delegación y oportunidades para construir otros líderes.
1 Reyes 3:16-28	La verdadera sabiduría de liderazgo viene sólo de Dios.
1 Timoteo 3	Para ser un líder que vale la pena seguir en el Reino de Dios, la vida debe modelar atributos y principios de Dios.
Efesios 5:1-2	Los líderes deben tener vidas basadas en el ejemplo de Dios.
Proverbios 6:16-17	El orgullo está en la parte superior de la lista de cosas que Dios odia.
1 Pedro 4:10-11	Los dones se dan para ser usados para la gloria de Dios.
Job 16:19, 1 Juan 2:1	Dios es nuestro mayor Defensor.

Práctica Legado 4: *Defensor de **Diferencias** y Comunidad*™

Diferencias

Un DEFENSOR es aquel que apoya una causa, una práctica o una persona en su nombre.

LAS DIFERENCIAS son aquellas cualidades que distinguen a las personas o las cosas de otras personas o cosas.

Un Defensor Cristiano de Diferencias apoya esas cualidades que distinguen a las personas o las cosas de otras personas o cosas. El Defensor Cristiano está primero para Dios, segundo para los demás, por último para sí mismo.

No quiero, hermanos, que ignoréis acerca de los dones espirituales. Sabéis que cuando erais gentiles, se os extraviaba llevándoos, como se os llevaba, a los ídolos mudos. Por tanto, os hago saber que nadie que hable por el Espíritu de Dios llama anatema a Jesús; y nadie puede llamar a Jesús Señor, sino por el Espíritu Santo. Ahora bien, hay diversidad de dones, pero el Espíritu es el mismo. Y hay diversidad de ministerios, pero el Señor es el mismo. Y hay diversidad de operaciones, pero Dios, que hace todas las cosas en todos, es el mismo. Pero a cada uno le es dada la manifestación del Espíritu para provecho. Porque a éste es dada por el Espíritu palabra de sabiduría; a otro, palabra de ciencia según el mismo Espíritu; a otro, fe por el mismo Espíritu; y a otro, dones de sanidades por el mismo Espíritu. A otro, el hacer milagros; a otro, profecía; a otro, discernimiento de espíritus; a otro, diversos géneros de lenguas; y a otro, interpretación de lenguas. Pero todas estas cosas las hace uno y el mismo Espíritu, repartiendo a cada uno en particular como él quiere. Porque, así como el cuerpo es uno, y tiene muchos miembros, pero todos los miembros del cuerpo, siendo muchos, son un solo cuerpo, así también Cristo. Porque por un solo Espíritu fuimos todos bautizados en un cuerpo, sean judíos o griegos, sean esclavos o libres; y a todos se nos dio a beber de un mismo Espíritu. Además, el cuerpo no es un solo miembro, sino muchos. Si dijere el pie: Porque no soy mano, no soy del cuerpo, ¿por eso no será del cuerpo?
Y si dijere la oreja: Porque no soy ojo, no soy del cuerpo, ¿por eso no será del cuerpo? Si todo el cuerpo fuese ojo, ¿dónde estaría el oído? Si todo fuese oído, ¿dónde estaría el olfato? Mas ahora Dios ha colocado los miembros cada uno de ellos en el cuerpo, como él quiso. Porque si todos fueran un solo miembro, ¿dónde estaría el cuerpo? Pero ahora son muchos los miembros, pero el cuerpo es uno solo. Ni el ojo puede decir a la mano: No te necesito, ni tampoco la cabeza a los pies: No tengo necesidad de vosotros. Antes bien los miembros del cuerpo que parecen más débiles son los más necesarios; y a aquellos del cuerpo que nos parecen menos dignos, a éstos vestimos más dignamente; y los que en nosotros son menos decorosos, se tratan con más decoro. Porque los que en nosotros son más decorosos, no tienen necesidad; pero Dios ordenó el cuerpo, dando más abundante honor al que le faltaba, para que no haya desavenencia en el cuerpo, sino que los miembros todos se preocupen los unos por los otros. De manera que, si un miembro padece, todos los miembros se duelen con él, y si un miembro recibe honra, todos los miembros con él se gozan. Vosotros, pues, sois el cuerpo de Cristo, y miembros cada uno en particular. (1 Corintios 12:12-27 NCV)

Si bien todos los hombres han sido creados iguales a la vista de Dios, ciertamente no han sido creados de la misma manera. Y ya sea que estemos hablando del mundo en general, o del Cuerpo de Cristo, eso es algo muy bueno. Un mundo donde todo el mundo mira, habla y actúa de la misma manera sería sin duda un lugar aburrido, por no mencionar enormemente improductivo. Una mirada rápida alrededor de nuestro mundo revela el deleite deliberado que Dios tiene por la diversidad y las diferencias.

Desafortunadamente, en nuestro mundo en desgracia, el hombre ha sesgado estas diferencias en separadores para el juicio. A los ojos de Dios sólo hay una diferencia entre toda Su familia humana, independientemente de que le crean o no. La humanidad ha puesto valor arbitrario en la apariencia, las habilidades, la educación, la riqueza, la posición, el poder, la forma del cuerpo, el tamaño y el color y las desventajas percibidas, por nombrar solo algunas. Tristemente limitamos nuestra exposición y nuestra colaboración en conjunto en base a estos valores falsos, llevemos o no la etiqueta cristiana.

¿Se imaginan lo que la Iglesia creyente podría lograr en este mundo si no hubiera líneas de pensamiento divisorias? ¿Si realmente defendiera las diferencias que Dios ha dado a cada persona y se uniera con un solo propósito y pasión? Es un pensamiento asombroso y aleccionador. Para llevar a cabo Su obra en este mundo, Dios ha equipado a todos los creyentes con diferencias que están diseñadas para unirse en su conjunto: un solo cuerpo que funciona con todas las partes. El orgullo nos separa el uno del otro, y de Dios. El líder cristiano debe superar esta característica de la condición humana caída para abogar verdaderamente, como hace el Espíritu Santo, por las diferencias que componen el todo. El orgullo humano dice "aléjense y estén separados." Dios dice "uníos y sé uno".

Práctica Legado 4: *Defensor de **Diferencias** y Comunidad*™

Aquí debe darse una palabra de advertencia. Hay un movimiento actual para promover la "diversidad y la tolerancia" en todas partes. Esto suena genial, pero, fiel a la forma mundana, esas palabras tienen un propósito más siniestro de lo que sugieren. La celebración de la diversidad y la tolerancia se ha transformado en la aceptación de todo, a menudo comprometiendo las normas de Dios. Aquí está el desafío para el discípulo de Cristo. Esta mejor práctica no se trata sólo de la diversidad, sino más bien de las habilidades y dones, estilos, personalidades, experiencias y antecedentes de las personas que trabajan juntas, y cómo podemos respetar y abogar por esas diferencias para ser una Comunidad con funcionamiento total. Esto es bueno. Lo que no es bueno, es la aceptación al por mayor de cualquier cosa que comprometa la caminata del cristiano, y los caminos de Dios.

El cristiano que conoce la Palabra de Dios debe estar más dispuesto a abogar por las diferencias que el mundo secular. La Escritura está cargada de ejemplo tras ejemplo, exhortación después de la exhortación, y mandamiento tras mandamiento para que nos respetemos, apreciemos y honremos los unos a los otros, y las habilidades y dones de los demás. Moisés confiaba en las diferencias en las personas que él sacó de Egipto. Juntos construyeron una estructura increíble en el desierto, el mismo lugar donde Dios moraba entre Su pueblo en el Santo de los Santos. La incipiente Iglesia Cristiana del Nuevo Testamento utilizó sus diferencias para satisfacer las diversas necesidades del ministerio. Incluso entonces actuaron como "conocedores del talento". Dios ha diseñado deliberadamente a individuos con diferencias para que juntos seamos enteros– capaces de realizar toda la obra que ha planeado para nosotros.

Esto no pretende sugerir que debemos aceptar o promover comportamientos, habilidades, actitudes u otras diferencias deficientes. Y no se entiende como un grito de protesta por la tolerancia de las cosas en oposición a los caminos de Dios o Su propósito para nosotros. La esencia de esta mejor práctica es darse cuenta de que cada uno de nosotros está hecho con singularidad que realza el todo, y en guardar el orgullo para que podamos mirar con más atención lo que Dios ve: el corazón.

A veces es más fácil ignorar a las personas que desarrollarlas. Es la manera del mundo de juzgar en lugar de unirse a los demás. Y nuestro orgullo promueve este comportamiento sin causa, sin justificación, sin la verdad, y sin siquiera intentar descubrir el potencial. Pero estos no son los caminos de Dios, y no deben ser nuestros caminos.

El Ejemplo de Jesús

> **Y hay diversidad de ministerios, pero el Señor es el mismo.6 Y hay diversidad de operaciones, pero Dios, que hace todas las cosas en todos, es el mismo.** (1 Corintios 12:5-6 NIV)

El apóstol Pablo fue comisionado por Jesús para proporcionar más instrucciones para los nuevos discípulos. Estaba recordando a los seguidores del Mesías una práctica básica defendida por Jesús – que TODOS Sus empleados eran útiles, pero de diferentes maneras y a través de diferentes dones – pero todos con un propósito singular. Una mirada al grupo aparentemente extraño de hombres que Jesús llamó para seguirlo nos dice esto. Pedro era un pescador gruñón y franco. Juan era el amado, pensativo y compasivo. Andrés era tranquilo pero fiel, y un embajador leal. Levi fue despreciado como recaudador de impuestos. Tomás era ferozmente leal, pero dudaba. Nathanael era un cínico, pero rápido para ver la verdad.

Práctica Legado 4: *Defensor de **Diferencias** y Comunidad*™

Por todas sus diferencias, estos hombres fueron inspirados e influenciados para convertirse en un equipo eficiente y orientado a los propósitos que efectivamente transmitió el legado del mensaje de Cristo al resto del mundo. Jesús sabía que TODOS ellos eran necesarios para alcanzar esa meta. Después de regresar a Su hogar celestial, descubrieron su propia singularidad y sus contribuciones individuales al mismo propósito.

Verdades en las Escrituras	
Romanos 12:6	Todos tenemos diferentes dones espirituales.
1 Corintios 1:10	Debemos estar de acuerdo y estar unidos con un solo propósito.
1 Corintios 3:5-9	Nadie es más importante que otro; todos hacemos la obra que Dios nos da.
1 Corintios 12:4	Todos los dones y talentos vienen de Dios.
Gálatas 2:6	Cada don, y cada persona, es igual a los ojos de Dios.
Filipenses 2:3-4	Piensa en los demás primero, no en ti mismo.
Proverbios 6:16-17	El orgullo está en la parte superior de la lista de cosas que Dios odia.
1 Pedro 4:10-11	Los dones se dan para ser usados para la gloria de Dios.
Job 16:19, 1 Juan 2:1	Dios es nuestro mayor Defensor

Práctica Legado 4: *Defensor de Diferencias y* **Comunidad**™

Comunidad

Un DEFENSOR es aquel que apoya una causa, una práctica o una persona en su nombre.

COMUNIDAD es un grupo de personas con interés compartido trabajando juntas para lograr el éxito compartido.

Un Defensor cristiano de la Comunidad apoya a una comunidad de interés compartido y promueve el trabajo conjunto para lograr el éxito compartido (negocios, familia, Iglesia). Para el Defensor Cristiano de la Comunidad, la comunidad última es el Cuerpo de Cristo

Así que ya no sois extranjeros ni advenedizos, sino conciudadanos de los santos, y miembros de la familia de Dios, edificados sobre el fundamento de los apóstoles y profetas, siendo la principal piedra del ángulo Jesucristo mismo, en quien todo el edificio, bien coordinado, va creciendo para ser un templo santo en el Señor en quien vosotros también sois juntamente edificados para morada de Dios en el Espíritu.
(Efesios 2:19-22 NKJV)

Ya hemos hablado de la importancia de abogar por las diferencias. Debemos defender, apreciar y utilizar constructivamente esas diferencias para lograr los objetivos de la comunidad. Lo que a menudo no hacemos, sin embargo, es abrazar el concepto completo de toda la comunidad. Es nuestra tendencia humana a agruparnos con otros como nosotros. En todas las ciudades del mundo encontramos barrios étnicos agrupados, separados de la comunidad más grande. En cada organización encontramos grupos, departamentos y funciones operando y pensando independientemente del todo. En cada escuela encontramos pequeñas colmenas de semejanzas, separadas. Los conoces; probablemente has sido parte de una de ellas: los deportistas, los nerds, los populares, los impopulares, los aparadores de moda y los que susurramos en privado. Sí, todos somos parte de la ciudad más grande, la organización o la escuela, pero estamos separados en nuestros pequeños capullos. Hablamos de comunidad, pero no la vivimos, no la alentamos ni la aceptamos. Aún no hemos comprendido completamente lo que realmente significa la comunidad.

En la iglesia primitiva, los discípulos y los miembros del nuevo grupo de seguidores de Jesús denominados "cristianos", entendían y defendían el concepto de comunidad de todo corazón. Tenían que hacerlo. Hicieron balance de dones y talentos, habilidades y actitudes y repartieron sabiamente diversos trabajos a los mejor calificados. Compartieron sus recursos y no retuvieron nada. Comunicaron detalles y datos de forma coherente. Se reunieron con una mente y un propósito. Cuando uno de ellos era bendecido, todos eran bendecidos. Cuando uno llora, todos lloran. Realmente se preocupaban por cada uno. Funcionaban tal como Jesús pretendía, como una comunidad de individuos unidos en un solo cuerpo con un propósito singular. Sin esta colaboración cohesiva, inclusión e interés comunitario, habrían fracasado en su misión, y con franqueza, probablemente la iglesia cristiana no sería lo que es hoy. Había, y sigue existiendo, un enemigo maligno voraz y sin dormir al acecho, esperando la oportunidad de esparcir las ovejas, o incluso matarlas, poniendo fin a la comunidad y a la visión comunitaria. La defensa de la comunidad es vital para la vida del cuerpo cristiano de creyentes.

Cuando Dios dio forma a un reino de un grupo de esclavos liberados de Egipto, los entrenó para que tuvieran una mentalidad de comunidad. Toda la Torá (los primeros 5 libros de la Biblia, los Libros de Moisés, también llamado el Pentateuco) está dedicada a la vida comunitaria de la nación recién nacida de Israel. Versículo tras versículo contiene instrucciones para el comportamiento individual en lo que se refiere al todo. Nuestros Diez Mandamientos, un resumen de las vastas leyes que se encuentran en estos libros, son una guía para la vida comunitaria, y las prioridades divinas dentro de esa comunidad. La comunidad es una entidad diseñada por Dios.

Práctica Legado 4: *Defensor de Diferencias y **Comunidad**™*

Este mismo concepto es aplicable a cualquier comunidad de la que seamos parte, ya sea familia, barrio, iglesia local, negocio o la comunidad de la cristiandad. Hay comunidades dentro de las comunidades – necesarias para la vida práctica – pero debemos pensar más allá de nuestras fronteras establecidas para tener el corazón de Dios para toda la humanidad. El concepto de comunidad de Dios no se limita a la similitud separada. Su corazón sangra por toda la comunidad de la humanidad, y está trabajando para construir una comunidad de aquellos que lo aman y pasarán la eternidad con él. Es Su plan final, y debe ser el nuestro, también.

Lo más probable es que todos podamos dibujar pequeños círculos que representen a las diversas comunidades a las que pertenecemos. Algunos se superpondrán, otros estarán separados de otros. Dentro de cada una de esas comunidades, debemos esforzarnos por construir el corazón y el alma de las personas, unirlos como uno solo en un propósito compartido para lograr el éxito compartido. Debemos hacer todo lo posible, con los dones y la guía de Dios, para ayudar a la comunidad a ser afín y abierta al mayor potencial del todo. A medida que circulamos por nuestras diferentes comunidades de vida, también debemos estar conscientes de que Dios dibuja un gran círculo alrededor de TODAS ellas – todas ellas son una para El. Un día no habrá límites entre ellas, no habrá separadores. Será una familia, una organización, una comunidad construida sobre una sola base.

El Ejemplo de Jesús

> *"¿No decís vosotros: ¿Aún faltan cuatro meses para que llegue la siega? He aquí os digo: Alzad vuestros ojos y mirad los campos, porque ya están blancos para la siega Y el que siega recibe salario, y recoge fruto para vida eterna, para que el que siembra goce juntamente con el que siega. Porque en esto es verdadero el dicho: Uno es el que siembra, y otro es el que siega. Yo os he enviado a segar lo que vosotros no labrasteis; otros labraron, y vosotros habéis entrado en sus labores".* (Juan 4:35-38 NIV)

Se necesita una comunidad para hacer la obra de Dios. Jesús a menudo corrigió el pensamiento defectuoso de sus discípulos de que ellos estaban solos en esta obra suya. Hubo varios antes que ellos; y varios vendrían tras ellos. Algunos cosecharon, otros sembraron. Cada uno fue elevado en ese momento, con ese don, para ese propósito. Pero uno no podía completar la tarea por sí solo, ni podía recibir todo el crédito. Los judíos estaban contra los recaudadores de impuestos injustos, sin embargo, Mateo escribió un libro dirigido específicamente a la salvación de los judíos. Pedro odioso era a veces y tartamudo, pero finalmente predicó un sermón que inspiró a 3.000 personas reunidas en Jerusalén para que Pentecostés conociera a su Mesías. Diferentes épocas, diferentes dones, diferentes llamamientos, diferente trabajo, pero TODOS dirigidos por el mismo Dios, y TODOS para el mismo propósito mayor.

(Verdades de las Escrituras próxima página...)

Práctica Legado 4: Defensor de **Diferencias** y Comunidad™

(Continuación..)

Verdades de las Escrituras	
Efesios 4:11-12	Como creyentes, nuestra obra "comunitaria" es fortalecer el Cuerpo de Cristo y llevar a los demás a Él.
Éxodo 17:1	Incluso en una comunidad de trabajadores o creyentes similares, habrá tensión y desacuerdo, pero esta es una oportunidad para un gran aprendizaje.
2 Crónicas 6:3	El líder cristiano designado es responsable del bienestar de toda la comunidad. Una comunicación eficaz y coherente es vital en toda la comunidad.
Juan 21:23	Una comunicación eficaz y coherente es vital en toda la comunidad.
1 Pedro 2:17	Debemos honrar, respetar y amar a la comunidad como un todo y como individuos.
Actos 4:32	La comunidad debe ser de una sola mente y propósito. .
Levítico 4:13-21	Toda la comunidad es responsable de sus acciones corporativas e individuales..
Deuteronomio 14:27	Los miembros de la comunidad comparten recursos..
Números 3, 4	Los grupos y las personas dentro de la comunidad han designado deberes y responsabilidades que son para el bien del todo .
Deuteronomio 26:11	Los "extranjeros" deben ser considerados e incluidos (en los momentos apropiados) en las actividades comunitarias.
Actos 15:22	Los líderes deben buscar el consenso de la comunidad para el bien del todo.

Práctica Legado 5: *Calibrador de **Responsabilidad** y Rendición de Cuentas™*

> ### *Responsabilidad*
>
> Un CALIBRADOR "establece la marca", determinando la medida cuantitativa de la aceptación.
>
> LA RESPONSABILIDAD es la capacidad de responder correctamente a las expectativas establecidas y cumplirlas.
>
> *Un Calibrador Cristiano de Responsabilidad establece la marca y determina los niveles aceptables de responsabilidad para cumplir con las expectativas establecidas. Para el cristiano, las expectativas finales son de Dios.*

"Y pondré sobre ellas pastores que las apacienten; y no temerán más, ni se amedrentarán, ni serán menoscabadas, dice Jehová".
(Jeremías 23:4 NLT)

La responsabilidad y la rendición de cuentas son dos palabras que generalmente envían escalofríos por la columna vertebral humana, y por lo tanto, se evitan con bastante frecuencia en cualquier discusión o práctica. Las dos palabras van juntas y son difíciles de separar. Juntas, implican una cadena de mando, una estructura de autoridad y una respuesta definitiva para las acciones. Es nuestra naturaleza humana rebelarse inmediatamente ante la autoridad y la necesidad de ser responsables de nuestro comportamiento, pero Dios ha establecido una estructura de autoridad, y es para nuestro bien. Ha dado a las familias y a otros grupos pautas para llevar a cabo Su plan a través del respeto a la autoridad. Nos guste o no, somos responsables y se espera que seamos responsables, independientemente de nuestra posición o lugar en la vida, en la tierra y en los cielos.

La responsabilidad implica que tenemos obligaciones y expectativas para nuestro comportamiento. Como lo define el diccionario, ser responsable significa rendir cuentas. La responsabilidad es la capacidad de responder correctamente y cumplir con las expectativas. A todos los humanos se les dan ciertas responsabilidades. Somos responsables ante Dios, ante nuestras autoridades humanas y con nosotros mismos. Dependiendo de nuestro lugar o posición, somos responsables de nosotros mismos, y a menudo de los demás.

La responsabilidad implica integridad. Al usar la palabra "responsable", generalmente significa que una persona hará todo lo que dice que hará, o todo lo que se espera de ellos. Esto implica integridad, compromiso y a menudo perseverancia – materias raras en el mundo de hoy. En el Antiguo Testamento, Dios a menudo hablaba de los líderes de Israel como pastores de Su pueblo. Pero la mayoría de las veces esos pastores carecían de la integridad para hacer todo lo que se esperaba de ellos, y de hecho, hicieron todo lo que NO se esperaba de ellos. No estaban preocupados por la gente. Estaban preocupados por satisfacer sus propias lujurias y apetitos voraces por las cosas materiales. Sacrificaron el bien del pueblo por su propio egocentrismo.

La responsabilidad también lleva la comprensión de la capacidad de tomar decisiones morales. Esto es cierto tanto para nosotros mismos como para los que nos siguen. El versículo anterior es una promesa de Dios, dada por medio del profeta Jeremías, de que un día proporcionaría pastores RESPONSABLES, aquellos que alimentarían al pueblo, cuidarían de ellos, proveerían para sus necesidades y los guiarían por caminos rectos de custodia. Esta promesa llegó justo cuando la gente estaba a punto de ser disciplinada por su desobediencia, y enviada a un cautiverio de 70 años en Babilonia. Fue en gran parte culpa de esos "pastores" egocéntricos de Israel que el pueblo se desviara. TODOS sufrieron como

Práctica Legado 5: *Calibrador de **Responsabilidad** y Rendición de Cuentas*™

(Continuación...)

Cuando lideramos a los demás, somos responsables de nuestro propio comportamiento, pero también somos responsables, en última instancia, del comportamiento de los demás. Es tarea del líder asegurarse de que las expectativas sean claras, se obtenga el compromiso, se dé el máximo desempeño y los recursos apropiados estén disponibles PARA que otros también sean responsables. Esto también incluye comentarios, aliento, disciplina, recompensa y orientación consistente. Si esperamos que otros muestren responsabilidad, <u>debemos</u> ser responsables de proporcionar todo lo que necesitan para hacerlo, incluyendo, tal vez lo más importante, un buen modelo a seguir. Ya sea en una familia, una iglesia, una organización o una corporación, el modelo de Dios para la "línea de autoridad" que no nos gusta tanto requiere responsabilidad bidireccional: para uno mismo y para los demás.

El mundo no puede proporcionarnos un buen modelo para tal responsabilidad. Se comporta más como los malvados pastores de Israel. Debemos observar la Palabra de Dios y a Sus expectativas para nuestro modelo de responsabilidad divina. Jesús es nuestro modelo a seguir. Hizo TODO lo que se esperaba de Él, incluso permitiendo ser clavado a un árbol para morir. Era el plan de Dios, y Jesús lo ejecutó perfectamente. Sus últimas palabras en la cruz fueron "Ha terminado". Lo hizo. Dijo que lo haría, y lo hizo. Fue responsable ante el Padre de hacer lo que se esperaba, y fue responsable de todos nosotros. Servimos a un Dios que toma Sus responsabilidades muy en serio y nunca deja de cumplirlas. ESE es nuestro modelo a seguir.

El Ejemplo de Jesús

"Quenanías, principal de los levitas en la música, fue puesto para dirigir el canto, porque era entendido en ello". (1 Crónicas 15:22 NIV)

Es la manera de Dios de vincular la responsabilidad con la capacidad de encontrarla. Kenaniah era un hábil cantante, por lo que era responsable de todos los cantos en el Templo. Mientras que muchas de sus habilidades estaban en la etapa embrionaria, Jesús guio a los discípulos hasta que esas habilidades florecieron. Entonces se les dió las responsabilidades que venían con ellas. Pedro era un conversador natural, tal vez un poco prepotente al principio, pero un poderoso predicador en ciernes. Mateo era un hombre culto que conocía sus números, pero su habilidad fue perfeccionada a la de un escritor poderoso y convincente. Cada uno de los discípulos pasó a recibir posiciones individuales de responsabilidad, sobre la base de sus habilidades y dones. Cada uno era la persona adecuada para el trabajo que se les dio. Las normas y las herramientas adecuadas de cada responsabilidad fueron calibradas individualmente por Dios.

Verdades de las Escrituras	
Actos 17:30-31	La ignorancia no excusa nuestra responsabilidad.
Juan 9:39-41	Nuestra responsabilidad aumenta con el aumento del conocimiento, la madurez, la oportunidad.
Mateo 11:20-24	Somos responsables de aprovechar al máximo las oportunidades.
Génesis 3:12	La propiedad de la responsabilidad recae sobre cada individuo, y no debe ser culpada en los demás.
Gálatas 6:5	Cada uno de nosotros es responsable de nuestras propias acciones.
Hebreos 13:17	Los líderes son responsables del bienestar de quienes están debajo de ellos.
1 Pedro 5:1-4	La responsabilidad de los demás que viene con el liderazgo debe ser de la alegría y el deseo de dirigir, no del amor al dinero.

Práctica Legado 5: *Calibrador de Responsabilidad y* **Rendición de Cuentas**™

> ## *Rendición de Cuentas*
>
> Un **CALIBRADOR** "establece la marca", determinando la medida cuantitativa de la aceptación.
>
> **RENDICIÓN DE CUENTAS** es la obligación de explicar o justificar conductas, condiciones o circunstancias.
>
> *Un Calibrador Cristiano de Rendición de Cuentas marca la responsabilidad personal y profesional de la conducta, primero a Dios, luego a los demás.*

Y oyeron la voz de Jehová Dios que se paseaba en el huerto, al aire del día; y el hombre y su mujer se escondieron de la presencia de Jehová Dios entre los árboles del huerto. Mas Jehová Dios llamó al hombre, y le dijo: ¿Dónde estás tú? Y él respondió: Oí tu voz en el huerto, y tuve miedo, porque estaba desnudo; y me escondí. Y Dios le dijo: ¿Quién te enseñó que estabas desnudo? ¿Has comido del árbol de que yo te mandé no comieses? Y el hombre respondió: La mujer que me diste por compañera me dio del árbol, y yo comí. Entonces Jehová Dios dijo a la mujer: ¿Qué es lo que has hecho? Y dijo la mujer: La serpiente me engañó, y comí.
(Genesis 3:8-13 NLT)

La rendición de cuentas es una de las directivas básicas de Dios para el comportamiento humano. Las páginas de la Biblia están cargadas de ejemplos y modelos de responsabilidad, o de su carencia. La rendición de cuentas es la capacidad de dar cuenta de nuestro comportamiento, de proporcionar justificación y explicación, y de afrentar las consecuencias. A una persona de negocios que viaja para su empresa se le pide que proporcione una contabilidad de los gastos incurridos. Es una lista del "por qué" de tales gastos. Es lo mismo para nuestro comportamiento. Se espera que seamos capaces de justificar adecuadamente nuestras acciones y, en última instancia, aceptemos y comprendamos las circunstancias que resultan de ello.

La rendición de cuentas es un concepto relativamente simple, sin embargo, desde el principio el hombre ha tenido dificultades con este indicador de carácter. La Escritura de arriba es casi risible, si no fuese tan trágica, ya que primero Adán y luego Eva intentan cambiar la culpa de sus comportamientos. Adán dice que fue culpa de Eva (¡e incluso implicó a Dios!), y Eva le culpó a la serpiente. Todos vivimos con las consecuencias de ese comportamiento. La humanidad no es diferente hoy en día. Muy a menudo gritamos "¡No es mi culpa!" y señalamos al siguiente tipo en la fila. Hoy vivimos en una sociedad "sin culpa". Nunca es culpa nuestra. Mi madre era dominante, o mi padre era un abusador, o mis maestros unos desconsiderados, o mi esposo un perezoso, mi compañero de equipo un incompetente. Yo no. No lo hice, y si lo hice, no fue mi culpa.

La rendición de cuentas es la capacidad de responder y explicar con veracidad el "por qué" de nuestro comportamiento, y de comprender que somos responsables, ante Dios y ante los demás. Pero para la mayoría del mundo, se ha convertido en el arte de poner excusas, cambiar de culpa y repartir consecuencias. Con frecuencia ni siquiera consideramos las consecuencias, ya que la mayoría ha abandonado la idea de que somos responsables en absoluto. Pero la Palabra de Dios deja muy claro que toda la humanidad es responsable, y de hecho le dará cuenta de sus acciones.

Un líder cristiano debe entender primero que la responsabilidad viene con ser cristiano, y especialmente un líder cristiano. Dios conoce el corazón humano, y sabe cómo odiamos esa palabra, y evitamos esa responsabilidad. En Su gracia y misericordia, nos diseñó con algo que nos ayudara a hacernos responsables — Nos ha hecho vasos para a ser llenados de Su Espíritu Santo. El mundo llama a esto una "conciencia". Para el mundo incrédulo, la conciencia es un vago "algo" mal entendido que la mayoría de las veces sólo nos agobia y debe ser ignorado. Cuando esa palabra se utiliza en las Escrituras del Nuevo Testamento es la palabra griega *suneidesis* que literalmente significa la capacidad del alma para distinguir entre lo que es moralmente bueno y malo, lo que lleva a hacer el primero y evitar el segundo, elogiando uno, condenando al otro.

Práctica Legado 5: *Calibrador de Responsabilidad y* ***Rendición de Cuentas*** ™

(Continuación..)

Todos los humanos están diseñados con conciencia. Lo conocemos mejor como la Persona y la obra del Espíritu Santo. Si caminamos con Dios, somos conscientes de Su guía, corrección y compañía constante, al menos debemos estarlo. Los incrédulos, sin embargo, carecen del conocimiento de Dios que desbloquea la verdadera comprensión de la conciencia. La conciencia y la rendición de cuentas van de la mano.

Tal vez una de las mayores y más ignoradas tragedias de la falta de rendición de cuentas es la barrera contra el perdón y el crecimiento en la que se convierte. No parece entender que no podemos recibir verdaderamente el perdón sin un corazón arrepentido, y no podemos tener un corazón arrepentido sin conciencia y responsabilidad por nuestras acciones. La obra del Espíritu Santo en la vida de todo creyente se llama santificación. Es el proceso continuo que nos hace mejores cada día, más cerca de la imagen en la que fuimos creados. Más cerca de ser el hombre o la mujer que Dios desea. Este proceso de santificación resulta en crecimiento espiritual y madurez. Sin responsabilidad, ese crecimiento se detiene efectivamente y nuestra madurez espiritual se retrasa. Si no podemos ser dueños de nuestro comportamiento y sus consecuencias, no podemos crecer. Nuestro propósito diseñado y pretendido es la comunión con Dios, darle gloria y reflejar Sus atributos. Sin responsabilidad, eso es imposible y no estamos cumpliendo nuestro propósito y diseño.

La capacidad de rendir cuentas es como un anuncio luminoso que indica claramente la integridad de una persona, su carácter espiritual y su madurez. La responsabilidad personal abre la puerta a las alegrías y el alivio del perdón. En ocasiones también significa aceptar y soportar las dificultades que pueden venir como consecuencias de nuestro comportamiento, pero la rendición de cuentas finalmente desbloquea la clave para el crecimiento espiritual, la cercanía a Dios y el ministerio y el liderazgo efectivos.

El Ejemplo de Jesús

> **Dijo también a sus discípulos: Había un hombre rico que tenía un mayordomo, y éste fue acusado ante él como disipador de sus bienes. Entonces le llamó, y le dijo: ¿Qué es esto que oigo acerca de ti? Da cuenta de tu mayordomía, porque ya no podrás más ser mayordomo.** (Lucas 16:1-2 NIV)

> **Y no hay cosa creada que no sea manifiesta en su presencia; antes bien todas las cosas están desnudas y abiertas a los ojos de aquel a quien tenemos que dar cuenta..** (Hebreos 4:13 NIV)

Jesús dijo una parábola sencilla que ilustra una de las verdades más poderosas de las Escrituras: todos somos responsables ante El. Con la responsabilidad viene la rendición de cuentas. Sin rendición de cuentas, la irresponsabilidad abunda. Jesús sabía que este era uno de nuestros defectos, por lo que la responsabilidad se instituyó como un medio para lograr un propósito – el propósito inmediato de promover Su mensaje salvador, y el propósito final de salvar a los mismos que Él hace responsables. Los defectos esperados son perdonados, afortunadamente, pero sólo si se combina con un corazón honesto y arrepentido. El sistema de rendición de cuentas de Cristo se calibra y comunica cuidadosamente para una comprensión clara y un cumplimiento exitoso.

(Verdades de las Escrituras próxima página...)

Práctica Legado 5: *Calibrador de Responsabilidad y **Rendición de Cuentas**™*

(Continuación..)

Verdades de las Escrituras	
Santiago 4:13-17	Nuestros planes de acción deben ser presentados a Dios primero.
2 Timoteo 4:2	Debemos estar preparados para proporcionar retroalimentación y aliento a los demás.
Hebreos 12:10-11	La disciplina de Dios es para nuestro bien. Debemos hacer lo mismo por los demás.
Romanos 14:12	Cada uno de nosotros dará cuenta a Dios.
2 Samuel 21:1-14	La rendición de cuentas puede retrasarse, pero nunca se evita realmente.
Mateo 25:14-30	Dios nos pedirá que nos hagamos responsables de lo que nos ha dado y de cómo lo hemos utilizado.
1 Corintios 8	Responsabilizar a los demás implica madurez espiritual.
Romanos 2:1-14	La rendición de cuentas no debe inclinarse hacia el juicio.
Actos 2:37-38	Como nuestro máximo "líder", Dios habla directamente a nuestro corazón para ayudarnos a ser responsables y rendir cuentas ante Él.
Juan 16:7-11	El Espíritu Santo utiliza la convicción para ayudarnos a rendir cuentas ante Dios. La convicción es un recordatorio del Espíritu de Dios al nuestro cuando necesitamos "corrección del curso".
Proverbios 6:25	Debemos confiar en la convicción de Dios porque el juicio humano es defectuoso.
Salmos 73:24	Dios nos guiará y nos ayudará a corregir.
1 Corintios 8:1-13	La rendición de cuentas es un signo de madurez espiritual.

Liderazgo Legado: Los EStándares Bíblicos
para Líderes Cristianos

Inventario de Competencias

CoachWorks® International
Dallas, Texas USA
www.CoachWorks.com
www.LegacyLeadership.com

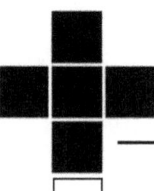

Usando el Inventario

Este inventario de competencias es una oportunidad para que los líderes cristianos reciban información sobre su nivel de competencia en cada uno de los cinco contextos de práctica de Liderazgo Legado. Proporciona una dirección para el aprendizaje, una guía para el desarrollo de líderes y un modelo para desarrollar plenamente el liderazgo cristiano.

Instrucciones para Completarlo

Para cada práctica heredada hay un conjunto de diez declaraciones descriptivas. SE LE PIDE PROPORCIONAR UNA CALIFICACIÓN PARA CADA DECLARACIÓN: ¿Con qué frecuencia **exhibo** este comportamiento/actitud declarado?

Lea cada declaración cuidadosamente y califique honestamente en una escala de 1 a 5 de la siguiente manera:
Esta declaración describe mi comportamiento/actitud

       1—Nunca
       2—Ocasionalmente
       3—Regularmente
       4—Frecuentemente
       5—Consistentemente

Responda a las diez preguntas en cada Práctica Legado, para un total de 50 preguntas.

Después de calificar cada instrucción, totalice cada columna y coloque la puntuación agregada para cada una de las cinco columnas en los espacios en blanco proporcionados. A continuación, agregue el total de la puntuación de la columna de izquierda a derecha para obtener una puntuación total para cada Práctica Legado. Grafique sus respuestas en cada página. ***Consulte la página de ejemplo a continuación.***

Completar la Cuadrícula Maestra de Puntuación.

Próximos pasos: Líder Legado® Plan de Desarrollo

Después de establecer su línea de base como punto de partida, podrá diseñar un plan de desarrollo líder que incluya las áreas que desea actualizar de su nivel de rendimiento. Consulte las plantillas adjuntas para obtener un formato sugerido para su plan. Trabaje con su entrenador o líder/mentor para llevar a cabo el plan y aprovechar los resultados. Asegúrese de invitar a Dios a ayudarle y guiarle a medida que crezca.

1 Práctica Legado 1: Poseedor de Visión y Valores™

Califique usted mismo en esta PRÁCTICA LEGADO utilizando la siguiente tabla. Totalice cada columna y, a continuación, agregue todas las puntuaciones de las columnas para dar un total general para esta práctica recomendada. Grafique sus respuestas a continuación.

#	Conducta/Actitud (Como aplica a este PL)	Descripción	Consistentemente 5	Frecuentemente 4	Regularmente 3	Ocasionalmente 2	Nunca 1
1	Reforzar Visión/Valores	Refuerzo constantemente la visión y los valores de Dios para mi pueblo.	5	**(4)**	3	2	1
2	Modelar Principios	Intencionalmente modelo los principios y valores de Dios en todo lo que hago con todas las personas.	**(5)**	4	3	2	1
3	Integrar Visión	He integrado el plan y los valores de Dios en mis actividades y responsabilidades.	5	4	**(3)**	2	1
4	Plan Estratégico	Conozco el plan estratégico bien escrito de Dios (Su palabra), y alineo todos mis planes con Su voluntad. Su plan es mi plan.	5	**(4)**	3	2	1
5	Alineamiento de Equipo	Trato de ayudar a los que guío a traducir y alinear sus responsabilidades diarias con el propósito de Dios para ellos, a través de un modelo positivo y a través del asesoramiento cuando se solicita.	5	**(4)**	3	2	1
6	Medibles Establecidos	He establecido medibles y puntos de referencia congruentes con la visión de Dios para ajustarlos rápidamente con la guía y corrección del Espíritu Santo si es necesario.	5	4	**(3)**	2	1
7	Integración de Valores	Busco que los valores de Dios se integren en la forma en que hago negocios (o cualquier actividad cualquiera).	5	4	**(3)**	2	1
8	Valores Personales	He identificado claramente los valores personales (mis valores son los valores de Dios) y "actúo según mis palabras" en todo lo que hago.	**(5)**	4	3	2	1
9	Desarrollar a Otros	Es muy importante para mí desarrollar la fe y el potencial de los demás.	5	4	3	**(2)**	1
10	Comunicar, sostener procesos	Soy capaz de comunicar eficazmente el plan y la palabra de Dios a los demás para que sean capaces de lograr Su visión para ellos.	5	4	**(3)**	2	1
		TOTAL POR COLUMNA	10	12	12	2	0
		➡ **GRAN TOTAL**		36			

(GRAFIQUE SUS RESPUESTAS en la tabla correspondiente, coloreando cuidadosamente las casillas para cada declaración según las instrucciones anteriores. Por ejemplo, si anotó "5" en la #1 de las declaraciones, coloree los cinco cuadros debajo de ese número. Si anotó "1", coloree sólo el cuadro inferior.)

Calificación	PRÁCTICA LEGADO 1: POSEEDOR DE VISIÓN Y VALORES™									
5-Consistentemente		■						■		
4-Frecuentemente	■	■		■	■			■		
3-Regularmente	■	■	■	■	■	■	■	■		■
2-Ocasionalmente	■	■	■	■	■	■	■	■	■	■
1-Nunca	■	■	■	■	■	■	■	■	■	■
Declaración#	1	2	3	4	5	6	7	8	9	10

Práctica Legado 1: Poseedor de Visión y Valores™

Califique usted mismo en esta PRÁCTICA LEGADO utilizando la siguiente tabla. Totalice cada columna y, a continuación, agregue todas las puntuaciones de las columnas para dar un total general para esta

#	Conducta/Actitud (Como aplica a este PL)	Descripción	Mi Rendimiento				
			Consistentemente 5	Frecuentemente 4	Regularmente 3	Ocasionalmente 2	Nunca 1
1	Reforzar Visión/Valores	Refuerzo constantemente la visión y los valores de Dios para Su pueblo.	5	4	3	2	1
2	Modelar Principios	Intencionalmente modelo los principios y valores de Dios en todo lo que hago con todas las personas.	5	4	3	2	1
3	Integrar Visión	He integrado el plan y los valores de Dios en todas mis actividades y responsabilidades.	5	4	3	2	1
4	Plan Estratégico	Conozco el plan estratégico bien definido de Dios (Su Palabra), y alineo todos mis planes con Su voluntad. Su plan es mi plan.	5	4	3	2	1
5	Alineamiento de Equipo	Trato de ayudar a los que me rodean a traducir y alinear sus responsabilidades diarias con el propósito de Dios para ellos, a través de un modelo positivo y a través del discipulado si se solicita.	5	4	3	2	1
6	Medibles Establecidos	He establecido hitos medibles y puntos de referencia congruentes con la visión de Dios para mí. Confío diariamente en la guía y corrección del Espíritu Santo si es necesario.	5	4	3	2	1
7	Integración de Valores	Busco asegurar que los valores de Dios se integren en la forma en que hago negocios (de cualquier tipo, con cualquiera).	5	4	3	2	1
8	Valores Personales	He identificado claramente los valores personales (mis valores son los valores de Dios), y "actúo según mis palabras" en todo lo que hago.	5	4	3	2	1
9	Desarrollar a Otros	Es muy importante para mí desarrollar la fe y el potencial de los demás.	5	4	3	2	1
10	Comunicar, sostener procesos	Soy capaz de comunicar eficazmente el plan y la palabra de Dios a los demás para que sean más capaces de lograr Su visión para ellos.	5	4	3	2	1
		TOTAL POR COLUMNA					
		➡ **GRAN TOTAL**					

GRAFIQUE SUS RESPUESTAS en la tabla. Coloree completamente las casillas apropiadas para cada una de las 10 instrucciones anteriores. (Por ejemplo, si anotó "5" en la #1 de la instrucción, coloree los cinco cuadros para ese número. Si anotó "1", coloree sólo el cuadro inferior.)

Calificación	PRÁCTICA LEGADO 1: POSEEDOR DE VISIÓN Y VALORES™										
5-Consistentemente										
4-Frecuentemente										
3-Regularmente										
2-Ocasionalmente										
1-Nunca										
Declaración#	1	2	3	4	5	6	7	8	9	10

Práctica Legado 2: Creador de Colaboración e Innovación™

Califique usted mismo en esta PRÁCTICA LEGADO utilizando la siguiente tabla. Totalice cada columna y, a continuación, agregue todas las puntuaciones de las columnas para dar un total general para esta práctica recomendada. Grafique sus respuestas a continuación.

#	Conducta/Actitud (Como aplica a este PL)	Descripción	Mi Rendimiento				
			Consistentemente 5	Frecuentemente 4	Regularmente 3	Ocasionalmente 2	Nunca 1
1	Posibilidades innovadoras	Con la guía de Dios, creo oportunidades de crecimiento (en mí y en los demás) que están alineadas con la Palabra y Voluntad de Dios.	5	4	3	2	1
2	Ambient confiable	Fomento un entorno de aprendizaje y confianza donde se desata la verdadera colaboración y la innovación. No me apresuro a juzgar.	5	4	3	2	1
3	Escucha Magistral	Soy un oyente magistral tanto para lo que se dice como para lo que no se dice. Escucho a Dios primero, luego a otros.	5	4	3	2	1
4	Confortable aprendiendo de otros	Me siento cómodo sin conocer "las respuestas" y aprender desde perspectivas individuales, pero siempre probar para ver si esas ideas coinciden y apoyan la Palabra de Dios.	5	4	3	2	1
5	Oportunidades en el desacuerdo	Dibujo diferentes perspectivas y creo que el desacuerdo es una oportunidad de aprendizaje. Me acerco al desacuerdo con humildad y corazón para alcanzar y tocar a otros que pueden diferir conmigo.	5	4	3	2	1
6	Preguntas oportunas	Tengo en cuenta el panorama general mientras hago preguntas oportunas y duras con amor y justicia.	5	4	3	2	1
7	Innovar para el futuro	Siempre estoy abierto a pensar fuera de las normas y tradiciones para innovar, con la guía de Dios, para el futuro, y para estar seguro de que dicha innovación se coloca ante El antes de actuar.	5	4	3	2	1
8	Planificación para el futuro	Pongo todos mis planes e ideas ante Dios primero, y busco Su dirección para saber cómo funcionarán. Mis ideas se dan a Dios para Su previsión.	5	4	3	2	1
9	Discernir necesidad (o no) para el	Sé cómo confiar en el Espíritu Santo para recibir guía y discernimiento en la realización de cambios, y busco ayudar a los demás a hacer lo mismo.	5	4	3	2	1
10	Facilitar el mejor pensamiento	Soy un facilitador magistral de las conversaciones de tal manera que todos contribuyen su mejor idea sobre la tarea/problema en cuestión. Honro las contribuciones de los demás.	5	4	3	2	1
		TOTAL POR COLUMNA					
		➡ **GRAN TOTAL**					

GRAFIQUE SUS RESPUESTAS en la tabla. Coloree completamente las casillas apropiadas para cada una de las 10 instrucciones anteriores. (Por ejemplo, si anotó "5" en la #1 de la instrucción, coloree los cinco cuadros para ese número. Si anotó "1", coloree sólo el cuadro inferior)

Calificación	PRÁCTICA LEGADO 2: CREADOR DE COLABORACIÓN E INNOVACIÓN™									
5-Consistentemente										
4-Frecuentemente										
3-Regularmente										
2-Ocasionalmente										
1-Nunca										
Declaración#	1	2	3	4	5	6	7	8	9	10

Liderazgo Legado®: El Estándar Bíblico para Líderes Cristianos. ©2005-2019 COACHWORKS® International. Dallas, TX USA. Derechos Reservados.

Práctica Legado 3: Influyente de Inspiración y Liderazgo™

Califique usted mismo en esta PRÁCTICA LEGADO utilizando la siguiente tabla. Totalice cada columna y, a continuación, agregue todas las puntuaciones de las columnas para dar un total general para esta práctica recomendada. Grafique sus respuestas a continuación.

#	Conducta/Actitud (Como aplica a este PL)	Descripción	Mi Rendimiento				
			Consistentemente 5	Frecuentemente 4	Regularmente 3	Ocasionalmente 2	Nunca 1
1	Desarrollar Relaciones	Soy muy hábil para desarrollar y mantener relaciones.	5	4	3	2	1
2	Energía para Influenciar	Utilizo mi fe, mi actitud positiva y esperanzadora, y la guía del Espíritu Santo para influir en los demás.	5	4	3	2	1
3	Modelar una perspectiva	Elijo modelar la perspectiva positiva en todas las situaciones.	5	4	3	2	1
4	Evocar lo mejor en los	Saco lo mejor de la gente.	5	4	3	2	1
5	Reconocer contribuciones	Reconozco constantemente los atributos y contribuciones de los demás.	5	4	3	2	1
6	Delegar para Desarrollar	Busco intencionalmente oportunidades para fomentar el desarrollo de los demás, tanto personalmente, (profesionalmente, si corresponde) como	5	4	3	2	1
7	Reconocer a otros	Dirijo con un enfoque constante en reconocer a los demás en lugar de a mí mismo.	5	4	3	2	1
8	Tomador e riesgos	Como Dios me guía (¡y sólo entonces!), tengo la capacidad y el valor de tomar riesgos e inspirar a otros a seguir.	5	4	3	2	1
9	Minimizar Impacto negativo	Soy capaz de tomar decisiones difíciles, con Su guía, que generen un impacto negativo mínimo.	5	4	3	2	1
10	Logro con Humildad, Resolver	Tengo una determinación feroz, pero con humildad, de cumplir los propósitos de Dios, junto con los demás. Sólo Dios obtiene la gloria, no yo.	5	4	3	2	1
		TOTALES POR COLUMNA					
		➡ **GRAN TOTAL**					

GRAFIQUE SUS RESPUESTAS en la tabla. Coloree completamente las casillas apropiadas para cada una de las 10 instrucciones anteriores. (Por ejemplo, si anotó "5" en la #1 de la instrucción, coloree los cinco cuadros para ese número. Si anotó "1", coloree sólo el cuadro inferior.)

Calificación	PRÁCTICA LEGADO 3: INFLUYENTE DE INSPIRACIÓN Y LIDERAZGO™									
5-Consistentemente										
4-Frecuentemente										
3-Regularmente										
2-Ocasionalmente										
1-Nunca										
Declaración#	1	2	3	4	5	6	7	8	9	10

Práctica Legado 4: Defensor de Diferencias y Comunidad™

Califique usted mismo en esta PRÁCTICA LEGADO utilizando la siguiente tabla. Totalice cada columna y, a continuación, agregue todas las puntuaciones de las columnas para dar un total general para esta práctica recomendada. Grafique sus respuestas a continuación.

#	Conducta/ Actitud (Como aplica a este PL)	Descripción	Mi Rendimiento				
			Consistentemente 5	Frecuentemente 4	Regularmente 3	Ocasionalmente 2	Nunca 1
1	Defensor Listo a actuar	Soy capaz de tomar una posición en nombre de una persona, práctica o causa. Mi primera lealtad es a Dios, luego a los demás.	5	4	3	2	1
2	Mentor para la visibilidad	Constantemente elijo la visibilidad de las personas alentándolas y disciplinándolas (desarrollándolas), ya que Dios me da la oportunidad.	5	4	3	2	1
3	Cultura basada en	Soy un defensor de una cultura basada en fortalezas dadas por Dios donde todos trabajan desde sus fortalezas, y entienden sus dones únicos.	5	4	3	2	1
4	Reconocer dones y	Soy capaz de discernir las fortalezas y los dones espirituales en los demás, reconociendo, valorando y utilizando lo mejor que cada persona tiene para	5	4	3	2	1
5	Diversidad de equipos	Aprecio y respeto a otros que tienen diversos enfoques y capacidades, y creo que estas diferencias pueden hacer que los equipos sean más fuertes.	5	4	3	2	1
6	Oportunidades por fuera	Busco oportunidades fuera de mi "círculo" inmediato donde se puedan desarrollar talentos y dones únicos (incluyendo negocios, iglesia, hogar y otros lugares de influencia).	5	4	3	2	1
7	Sin orientación	Promuevo la colaboración entre todos los que me rodean, incluso con aquellos en diferentes esferas de influencia, en lugar de mantener una	5	4	3	2	1
8	Considerar el bien de la comunidad	Considero el impacto de las acciones en la "comunidad mayor" (de creyentes, amigos, familiares, socios de negocios y otros) más allá de mi área de influencia inmediata.	5	4	3	2	1
9	Diálogo Interno-Externo	Animo y mantengo el diálogo y la participación con las comunidades internas y externas (más allá de mi área de influencia inmediata).	5	4	3	2	1
10	Entorno Inclusivo Unido	Promuevo un entorno inclusivo que se une hacia un enfoque común, especialmente entre los demás creyentes, pero también entre aquellos de diferentes creencias y valores, siempre y cuando no esté comprometiendo los valores y el propósito de Dios para mí.	5	4	3	2	1
		TOTAL POR COLUMNA					
		➡ **GRAN TOTAL**					

GRAFIQUE SUS RESPUESTAS en la tabla. Coloree completamente las casillas apropiadas para cada una de las 10 instrucciones anteriores. (Por ejemplo, si anotó "5" en la #1 de la instrucción, coloree los cinco cuadros para ese número. Si anotó "1", coloree sólo el cuadro inferior.)

Calificación	PRÁCTICA LEGADO 4: DEFENSOR DE DIFERENCIAS Y COMUNIDAD™									
5-Consistentemente										
4-Frecuentemente										
3-Regularmente										
2-Ocasionalmente										
1-Nunca										
Declaración#	1	2	3	4	5	6	7	8	9	10

Práctica Legado 5: Calibrador de Responsabilidad y Rendición de Cuenta™

Califique usted mismo en esta PRÁCTICA LEGADO utilizando la siguiente tabla. Totalice cada columna y, a continuación, agregue todas las puntuaciones de las columnas para dar un total general para esta práctica recomendada. Grafique sus respuestas a continuación.

#	Conducta/Actitud (Como aplica a este PL)	Descripción	Mi Rendimiento				
			Consistentemente	Frecuentemente	Regularmente	Ocasionalmente	Nunca
1	El plan de Dios con revisiones y balances	Busco hacer la voluntad de Dios cada día, y confío en Su Espíritu Santo para usar sus "revisiones y balances" conmigo para lograr Sus metas en mí y a través de mí.	5	4	3	2	1
2	Saber Estado del hito	Estoy en continua comunicación con Dios (a través de la oración y la meditación en Su Palabra) para conocer mi "estatus" personal con El, y Su plan para mí.	5	4	3	2	1
3	Claro acerca de las	Tengo claras mis responsabilidades con Dios y con los demás, y estoy constantemente calibrando con El y con los demás para estar en	5	4	3	2	1
4	Requerir rendimiento máximo/	Requiero lo mejor de mí en todo lo que hago, y también de los demás. Como soy capaz, apoyo a los demás con recursos y con oración y aliento.	5	4	3	2	1
5	Comentarios y Acción apropiada	Escucho la guía de Dios (Su entrenamiento) acerca de mi desempeño y tomo acción cuando ese desempeño no cumple con Sus expectativas. Además, ofrezco retroalimentación de una manera amorosa y gentil a los demás, y si es necesario o requerido por mi posición, tomo acción cuando su desempeño no cumple con las expectativas de Dios.	5	4	3	2	1
6	Responsabilidades definidas	He definido claramente las responsabilidades (La Palabra de Dios) para mí y para aquellos de quienes soy responsable o mentor.	5	4	3	2	1
7	Plan de Acción con Disposición para Ajustes	Mi plan de acción es el plan de Dios para mi vida, y he sometido mi voluntad a la suya en este sentido. Aunque también planeo para mi futuro, esos planes siempre se someten a Dios para Su aprobación. Proporciona los puntos de referencia e hitos, así como las disposiciones para hacer ajustes en el camino. Constantemente consulto a mi Dios para que se alinee con El	5	4	3	2	1
8	Urgencia en respuesta/cambio	Cuando Dios llama, no procrastino. Respondo obediente e inmediatamente para cumplir Su voluntad, y para hacer cambios al ser el que guía.	5	4	3	2	1
9	Discernimiento del Espíritu Santo,	Confío en el Espíritu Santo para guiarme y darme discernimiento, sabiduría y previsión según sea necesario. Mientras Él dirige, soy capaz de recalibrar los planes de acción cuando sea necesario.	5	4	3	2	1
10	Compromiso de equipo, consecuencias apropiadas	He logrado el compromiso de todos en mis áreas de responsabilidad, y he establecido responsabilidades con las consecuencias y recompensas apropiadas.	5	4	3	2	1
		TOTALES POR COLUMNA					
		➡ **GRAN TOTAL**					

GRAFIQUE SUS RESPUESTAS en la tabla. Coloree completamente las casillas apropiadas para cada una de las 10 instrucciones anteriores. (Por ejemplo, si anotó "5" en la #1 de la instrucción, coloree los cinco cuadros para ese número. Si anotó "1", coloree sólo el cuadro inferior.)

Calificación	PRÁCTICA LEGADO 5: CALIBRADOR DE RESPONSABILIDADES Y RENDICIÓN DE CUENTAS™									
5-Consistentemente										
4-Frecuentemente										
3-Regularmente										
2-Ocasionalmente										
1-Nunca										
Declaración#	1	2	3	4	5	6	7	8	9	10

Cuadrícula Maestra de Puntuación

Transfiera el total de calificaciones de cada página de la Práctica Legado

CALIFICACIONES Y VALORES TOTALES	Práctica Legado				
	1 Poseedor de Visión y Valores™	2 Creador de Colaboración e Innovación™	3 Influyende de Inspiración y Liderazgo™	4 Defensor de Diferencias y Comunidad™	5 Calibrador de Responsabilidad y Rendición de Cuentas™
Dominio de la Práctica	☆ 46-50	☆ 46-50	☆ 46-50	☆ 46-50	☆ 46-50
Capacidad de la Práctica	☐ 40-45	☐ 40-45	☐ 40-45	☐ 40-45	☐ 40-45
Aprendizaje de la Práctica	○ 25-39	○ 25-39	○ 25-39	○ 25-39	○ 25-39
Conocimiento de la Práctica	⬡ 16-24	⬡ 16-24	⬡ 16-24	⬡ 16-24	⬡ 16-24
Sensibilización de la Práctica	△ 10-15	△ 10-15	△ 10-15	△ 10-15	△ 10-15

Liderazgo Legado®: El Estándar Bíblico para Líderes Cristianos. ©2005-2019 COACHWORKS® International. Dallas, TX USA. Derechos Reservados.

Plan de Desarrollo de Liderazgo

Este es un plan de desarrollo de ejemplo. Siguen otros planes más detallados. Estos planes de desarrollo fueron diseñados originalmente para uso secular y profesional, pero se pueden aplicar fácilmente al desarrollo espiritual. Utilice esta página para confirmar por escrito su plan de desarrollo. Trabaje con su coach (¡y especialmente con el Santo Coach) para llevar a cabo el plan y aprovechar los resultados.

A – PARTICIPANTES CLAVE
(Nombre a los individuos que estarán más involucrados en ayudarle a registrar su éxito y a reclamarle sus responsabilidades.)

Nombre:

Coach:

Otros:

B – ÁREAS DE DESARROLLO DE LA MEJOR PRÁCTICA

Áreas de Competencia:
(Enumere una o dos Prácticas Legado en las que el Desarrollo es una prioridad)

Otros):
(Enumere las habilidades del LL4CLCI en las que desea trabaja específicamente.)

C - METAS
(Desarrolle una meta que declare exactamente lo que usted desea alcanzar en cada una de las áreas de Desarrollo)

D – CAMBIOS DE CONDUCTA
(¿Qué nuevo cambio observará usted y los demás cuando usted esté en estas áreas de manera exitosa?)

E - MEDIBLES
(¿Cómo medirá estos éxitos?)

F - IMPACTO
(¿Cómo ve usted el impacto al hacer estos cambios? ¿En usted mismo? ¿En otros? ¿En su negocio? ¿En su familia?

Plan de Desarrollo: PARTE 2

PRÁCTICA LEGADO	Mejores 3 Fortalezas en esta Mejor Práctica	Mejores 3 Desafíos en esta Mejor Práctica (oportunidades de desarrollo)	Habilidades específicas que deseo desarrollar en esta Mejor Práctica	Mis metas para desarrollar en esta Mejor Práctica
1 Poseedor de Visión y Valores™	1. 2. 3.	1. 2. 3.		
2 Creador de Colaboración e Innovación™	1. 2. 3.	1. 2. 3.		
3 Influyente de Inspiración y Liderazgo™	1. 2. 3.	1. 2. 3.		
4 Defensor de Diferencias y Comunidades™	1. 2. 3.	1. 2. 3.		
5 Calibrador de Responsabilidad y Rendición de Cuentas™	1. 2. 3.	1. 2. 3.		

CIRCULE LAS 5 ÁREAS QUE DESEA DESARROLLAR AHORA

Notas

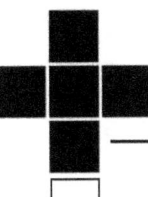

Compromiso Personal de Desarrollo

Entiendo que para ser un líder cristiano eficaz debo:

Reconocer que Dios tiene el control, no yo
Desear darle la gloria
Querer ser utilizado eficazmente por El en el liderazgo y otros ministerios
Basar mi liderazgo en Sus pautas y dirección
Trabajar diariamente con la ayuda de Dios para acercarse más a Él, y
Mejorar constantemente mi carácter divino y habilidades de liderazgo

Es mi verdadero deseo hacer todo lo anterior, y ser y vivir verdaderamente como cristiano en el liderazgo y en otros lugares. Sé que tengo defectos humanos, y estoy agradecido por el perdón de Dios que valiosamente me da. Sé que necesito Su guía diaria para lograr Su propósito para mí como líder y como hijo de Dios.

Por lo tanto, me comprometo de nuevo con mi Dios y con mi Salvador. Lo colocaré en primer lugar en todas las cosas, y lo esperaré que me muestre Su liderazgo. Trabajaré diligentemente, con la mano de la guía de Su Espíritu Santo, para llegar a ser todo lo que quiere que sea, y para hacer todo lo que Él ha preparado para mi. Me someto a Su liderazgo.

(A nivel personal) también:

_____
_____
_____
_____
_____

Prometo hacer esto lo mejor que pueda, y con Su ayuda.

Gracias, Señor, por tu fidelidad, lealtad y paciencia. Moldeame y hazme el líder que deseas.

Firmado   Fecha

_____   _____

Notas Adicionales...

www.ingramcontent.com/pod-product-compliance
Lightning Source LLC
Chambersburg PA
CBHW080449110426
42743CB00016B/3330